괴테에게 배우는 진정한 삶에 대한 ‘통찰

괴테의
인생 수업

Original Japanese title: ZAYU NO GOETHE KABE NI TSUKIATATTA TOKI
HIRAKU HON
Copyright © Takashi Saito 2004.
Original Japanese edition published by Kobunsha Co., Ltd.
Korean translation rights arranged with Kobunsha Co., Ltd.
through The English Agency(Japan) Ltd. and Danny Hong Agency.

괴테에게 배우는 진정한 삶에 대한 통찰

괴테의
인생 수업

사이토 다카시 지음 | 전경아 옮김

알파미디어

들어가기에 앞서

괴테는 내가 아는 한 인류 최고 수준의 자질을 가진 인간이다. 그는 희대의 베스트셀러 작가이자 시인이었고, 고대 예술에도 조예가 깊었다. 그뿐인가, 각본을 써서 연출도 하고 직접 극장 설계도 했다. 게다가 과학자로서 최첨단 연구를 하고, 정치가로서도 바빴으며, 국왕의 상담 상대이기도 했다. 한 분야에서만도 초일류인데 여러 역을 동시에 소화했다. 평생 정열적인 연애를 거듭하며 여든두 살에 세상을 떠날 때까지 현역으로 활동했다.

괴테는 한 인간이 태어나서 죽을 때까지 얼마나 자신을 풍요롭게 할 수 있느냐란 점에서 한계에 가까운 수준에 도달한 인물이었다. 과도한 에너지를 발산하고, 그것을 승화하고, 또한 균형을 가진 사회인으로서 살았던 괴테는 정신적 인간으로서의 하나의 도달점이다.

이제 완전히 괴테의 매력에 사로잡힌 나도 30대가 되어서야 괴테의 '좋은 점'을 처음으로 깨달았다. 나는 연구자로서의 길을 걷기 시작한 20대 무렵, 본질적인 것을 추구하다가 추상적 사고에 빠져 옴짝달싹할 수 없는 상황에 빠졌다. 모든 사람이 나를 찾기를 바랐지만, 현실에서는 아무도 찾지 않아 짜증이 났다.

그런 정신적인 궁지에 몰렸을 때 괴테의 말이 눈에 들어왔다. "인간이 자신에게 줄 수 있는 가장 놀라운 교양은 다른 사람들이 자신을 원하지 않는다는 확신이다." 바로 나였다.

학창 시절 교양으로 괴테를 어느 정도 알고 있었지만, 서른 살이 넘어서 전문 분야는 물론 세상을 향해 나가야 한다고 생각하기 시작했을 때 다시 읽은 『괴테와의 대화』는 교양으로 읽던 당시와는 전혀 다르게 읽혔다. 나는 정신없이 괴테의 한 마디 한 마디에 밑줄을 긋고 있었다.

왜 그때 나는 이 책에 강하게 끌렸을까. 그 이유는 '날짜를 적어 둬라', '작은 대상부터 시작하라' 등 어떻게 행동해야 하는지를 구체적으로 개진해 주었기 때문이다.

『괴테와의 대화』는 젊은 학도였던 에커만이 만년에 괴테를 만났던 9년간의 메모를 바탕으로 괴테와 나눈 대화를 담은 책이다. 우주의 만물을 화제로 삼고 있지만, 그 본질은 '숙달론'이다.

괴테는 결코 추상적인 논의로 끝나지 않았다. 구체적으로 행동하려고 하는 목표는 있었으나 그 방법을 고민하고 있던 나에게 말을 걸어주는 것 같았다.

물론 시대도 다르고 처한 상황도 다르지만, 그 한마디 한마디에 나는 감명을 받았다. 마치 괴테의 후원을 받는 형태로 구체적으로 세상에 참여하기 시작하면서 나의 환경은 완전히 바뀌었다.

나는 『괴테와의 대화』를 두 번째로 접하며 근본적으로 발상을 전환할 수 있었다. 괴테는 '구체적이고 본질적인' 영역을 향해 자신의 모든 것을 수렴하는 방법을 가르쳐주었다.

교양주의가 사라진 지 오래다. 지금은 교양이란 무엇인가란 질문 자체가 성립되지 않는다. 찰나적으로 즐기는 방법밖에 모르는 사람이 많아지고 있는데, 그렇게 되면 정신이 말라버린다.

애초에 지식이란 고대 그리스 시대부터 인생을 풍요롭게 하는 것이었다. 그 최고봉에 도달한 것이 괴테였다. 괴테 이후 지식이 전문화되고 세분되면서 지식이 본래 가지고 있던 풍요로움을 잊어버렸다. 물론 첨단 지식을 좇는 것도 필요하지만 지금은 거기에 도달하기 위한 '기법'이 우선되어야 하지 않을까?

이 책에서는 『괴테와의 대화』를 중심으로 현재를 살아가는 우리에게도 유익하다고 생각되는 괴테의 말을 골라서 그것을 '발상의 기법'이란 관점에서 엮었다.

괴테를 곁에 두는 것, 그것은 친밀하게 괴테와 대화를 나누는 것이다. 자신이 지금 어디에 서 있는지 알 수 없게 되었을 때, 어떤 벽에 부딪혔을 때, 이 책을 펼쳐보면 뭔가 힌트를 얻을 수 있을 것이다.

사이토 다카시

차례

들어가기에 앞서

**3장
만남**

Johann Wolfgang von Goethe

**5장
연소**

"

| 1장 |

집중

"

완벽해지기 위해서
작은 것부터

가장 좋은 건 대상을 열두 개 정도로 나눈 뒤에 시로 짓는
거야. (중략) 이렇게 조금씩 나누면 일이 훨씬 수월해지고 대
상의 다양한 면을 특징적으로 잘 표현할 수 있어. 반대로 큰
전체를 포괄적으로 파악하려 하면 반드시 귀찮아져서 완벽
해지기는 거의 불가능하지.

에너지를 잘 사용하는 비결

여기서 괴테는 에너지를 잘 쓰는 요령에 대해 말하고 있다. 생각하는 스케일이 남달리 훌륭해도, 마음만 커서 현실의 일이 전혀 진행되지 않으면 곤란하다. 사실 나도 이런 상태에 빠진 적이 있어 이 말에는 매우 수긍이 간다.

내 경우에는 수험공부가 바로 이런 경우였는데, 시험을 앞두고 공부를 해야만 했다. 하지만 공부하기 싫었다. 내가 공부하기 싫어했던 이유는 '왜 공부해야만 하는가'에 대한 철학적인 사색을 시작했기 때문이다.

그 사유에 막대한 에너지를 쏟은 결과 나는 지치고 수험에도 실패하고 말았다. 솔직히 지금 생각하면 그 시간에 문제집을 풀었어야 했다.

다시 말해 수험이란 대상을 두고 문제를 세분화하여 생각했으면 해결책은 더 간단했을 것이다.

'국어는 비교적 좋아한다', '영어도 싫어하지 않는다'라고 하나하나 작은 단위로 나눠 생각하면, 거창한 목적의식을 갖지 않아도 수험에 앞두고 힘을 얻기에 충분했을 것이다.

나는 거의 2년 동안 석사 학위 논문을 한 자도 쓸 수 없었다. 그것도 인류사를 뒤엎을 사상을 만들고 싶다는 수렁에 빠져 헛돌기만 했기 때문이다.

생각해보면, 기본이 되는 큰 이미지를 몇 단계로 나누어 예를 들어 2개월 혹은 3개월마다 서른 장 정도씩 논문으로 썼더라면 무리 없이 완성할 수 있었을 것이다. 아픈 추억이다.

괴테도 이렇게 한탄했다.

"대작을 쓸 땐 조심하는 게 좋을 거야! 아무리 뛰어난 사람이라도, 아니, 대가의 재능을 가지고 더할 나위 없이 훌륭한 노력을 거듭하는 사람이야말로 대작으로 고생하기 마련이지. 나도 그래서 고생했고, 어떤 손해를 봤는지 잘 알고 있어. 덕분에 모든 게 수포로 되었다! 내가 할 수 있는 모든 일을 제대로 했더라면 백 권도 모자랐을 거야."

다루는 대상을 세분화하라

그렇게 생각만 하고 한 발짝도 앞으로 나아가지 못할 때는 우선 다루는 대상을 작게 나누는 게 중요하다. 그런 방법에 익숙해지면 목표를 조금씩 넓혀가는 게 좋다.

그림을 그리는 작업도 이와 매우 비슷한데, 예를 들어 인물이 난립하는 대작을 갑자기 그리려 하면 통일성을 갖추기 어렵다. 어떤 대가라도 인물의 균형이나 구도를 잡는 방법을 습작으로 조금씩 훈련하고 그 과정을 거친 뒤 대작에 도전한다.

일이나 기술도 이와 마찬가지로 범위를 좁히는 것이 요령이다. 괴테 자신이 "가장 좋은 건 대상을 열두 개 정도로 나눈 뒤에 시로 짓는 거야"라고 말한 것처럼, 우선 주제를 잘게 나누고, 그다음에 하나하나 수렴해간다. 그러면 레이저 광선처럼 에너지를 한 점에 집중시킬 수 있다.

이 기술을 사용하면 누구나 상당히 괜찮은 결과를 낼 수 있을 것이다. 어려운 기술이 아니어도 좋으니 뭔가 하나에 숙달해보자. 가슴을 펴고 사람들에게 어필할 수 있는 기술을 갖고, 신용을 얻으면서 다음 단계로 나아간다. 그게 자신에게도 타인에게도 도움이 된다.

작은 성과를 큰 성과로 연결하라

여담이지만, 만화 〈고르고13〉의 '사투 다이아몬드 컷 다이아몬드'라는 회를 말해보고 싶다. 참고로 이 회는 작가 사이토 다카오 자신이 베스트 작품으로 꼽을 정도로 걸작이다.

일반적으로 다이아몬드는 다이아몬드로만 가공할 수 있는, 지구상에서 가장 단단한 광물이라고 한다. 그 정도로 강도가 높은 것인데도, 실은 어떤 다이아몬드든 한 군데 약한 곳이 있어, 그 한 곳에 정을 대고 말뚝을 박으면 간단하게 부서진다. 고르고는 그 포인트가 어디에 있는지를 알기 위해 다이아몬드 컷 장인에게 실제로 큰 다이아몬드를 깨게 한다. 그렇게 요령을 터득한 고르고는 마지막에 정말로 노리던 최고급 다이아몬드를 산산조각 내는 데 성공한다. 요컨대 급소 한 곳에 온 힘을 집중하면 다이아몬드도 깨질 수 있다. 현재 자신이 가지고 있는 힘으로 뛰어넘기 힘든 대상과 대결할 때는 대상을 작게 나눠 생각하고 포인트마다 전력을 쏟아붓는 것이 요령이다.

이 방법은 작은 성취 하나하나를 쌓아 큰 성과로 만드는 선순환을 만들어낼 뿐만 아니라, 그다음에는 무엇을 하면 좋을지, 다음 단계까지 자연스레 보여서 참 좋다. 작게 나눈 목표들이 차례로 줄을 서 있기 마련이다. 이에 집중하여 차근차근 에너지를 그곳에 쏟는 것이 중요하다.

단, 사상이나 의식의 범위 자체가 작아지면 시시하다. '사투 다이아몬드 컷 다이아몬드'에서 나타난, 최고급 다이아몬드를 깬다는 발상처럼 생각의 범위는 크게 잡되, 집중하는 대상은 좁혀나가는 기술을 익혀야 한다.

자신을 작게 한정하라

결국 가장 위대한 기술은 자신을 한정하고 타인으로부터 격

리하는 걸 말한다네.

나의 장점을 파고들어라

괴테는 자신이 잘하는 것, 전문적인 것을 한정하면 힘을 만들어
낼 수 있다고 생각했다. 이는 괴테와 에커만의 이런 대화에서도 볼
수 있다.

에커만이 "(스위스 여행 중인 괴테가) 만물에 관심을 두고 모든 걸 파
악하고 있어 기쁘다네"라고 말하자 괴테는 "하지만 음악에 대해서는
한마디도 언급하지 않았잖나"라고 대답한다.

음악은 내 영역이 아니기 때문이야. 누구나 여행을 할 때는 뭘 봐
야 하는지, 자신에게 무엇이 중요한지 알아야 하네.

음악에도 조예가 깊었음에도 불구하고 괴테는 자신의 전문 분야가 아니라고 생각하면 단칼에 포기하는 뚝심이 있었다.

또한 뭔가를 표현할 때 괴테는 독일어로만 썼다. 에커만은 괴테의 이런 점을 매우 높이 평가했다. 사실 괴테는 영어로 셰익스피어를 읽고 프랑스어와 이탈리아어 번역도 한 사람이다. 당시 독일어는 그다지 세련된 언어가 아니어서 루터와 괴테가 현대 독일어를 만든 것과 같다는 평가도 있다. 괴테는 외국어에 능통했지만, 글을 쓸 때는 모국어를 고집했다. 사물을 넓고 방대하게 흡수했지만, 표현 수단은 좁혔던 셈이다.

괴테의 가르침을 받은 에커만도 "본래 통찰력과 활동은 확실히 구별되어야 한다"고 말했다. "괴테도 통찰력을 얻기 위해 다면적으로 노력했지만, 활동 면에서 보면 단 한 가지 일에만 자신을 한정했다. (중략) 즉, 독일어로 글을 써서 말이다"라고 정리했을 정도다.

이는 괴테가 말한 "가장 위대한 기술은 자신을 한정하고 다른 일과 격리하는 것을 말한다"란 지적으로 이어진다.

전문 분야만 아는 바보가 되지 않기 위해

그렇다면 자신을 한정한다는 게 어떤 의미인지 알기 쉬운 예를 들어보자.

영어로 일을 하게 되면 활동, 표현할 때 영어가 중심이 된다. 가령, 영어로 계약서를 쓰는 건 상당히 장벽이 높지만, 책을 술술 읽고, 영화를 자막 없이 보는 정도의 통찰, 흡수하는 수준에서 영어를 사용하고 싶다면 부정기적으로 영어 레슨을 받는 것도 부담 없이 배울 수 있어 나쁘지 않다.

이 한정된 기술의 나쁜 본보기는 소위 전문 분야에만 정통한 바보가 되는 것이다. 가령, 역사학자들이 자신이 연구하는 시대에 대해서만 잘 알고 나머지는 얕은 지식조차 갖고 있지 않은 경우를 꼽을 수 있다.

우리가 표현하는 대상은 좁아도 깊으면 문제가 없지만, 흡수 대상까지 좁히는 것은 어리석은 일이다. 그런 일은 활동, 표현할 때와 흡수할 때를 구별하지 않아서 생긴다.

요컨대 자신이 정말로 사용할 수 있는 기술, 즉 활동할 때는 타인에게도 통용되는 기술을 확립해야 하며, 그 기술은 다른 사람과 결정적으로 다른 수준에 도달해야 한다. 하지만 흡수할 때는 폭넓게 눈을 뜨고 흡수해야 한다고 괴테는 말한다.

두부 가게는 두부밖에 못 만든다

괴테는 자신이 가진 기술은 높이고, 그 기술을 표현하거나 활용하는 곳은 집약시키라고 권했다. 나는 이게 진리라고 생각한다.

예를 들어, 영화감독 구로사와 아키라는 뛰어난 각본가면서 화가를 목표로 삼아도 가능한 정도로 스토리보드를 훌륭하게 그려냈다. 하지만 결국 구로사와는 각본 쓰는 재능을 소설에 살리지 못했고, 그림 재능은 영화의 스토리보드를 그리는 형태로 집약시켰다. 요컨대 그는 표현 수단을 영화라는 한 가지에 좁히고 거기에 모든 것을 쏟아부었다. 게다가 그는 도스토옙스키 같은 명저를 탐독하고 고흐 같은 역사적 화가의 그림에 적극적으로 접했고 그렇게 축적한 방대한 지식을 영화에 활용했다는 걸 알 수 있다.

오즈 야스지로 감독도 오즈 영화라고 하면 먼저, 그 진득한 대사 표현과 연기 타이밍, 고정 카메라의 로우 앵글에서 나오는 카메라워크 등 독특한 스타일이 떠오른다. 어떤 의미에서는 좁은 예술인이었다. 내용뿐만 아니라 제목까지 비슷했다. 〈만춘(晚春)〉과 〈이른 봄(早春)〉, 〈초여름(麦秋)〉과 〈가을햇살(秋日和)〉 등 팬이 아니면 헷갈릴 법한 외골수적 만듦새가 돋보인다.

그러나 본인은 할리우드 영화를 매우 좋아하고, 전쟁 중에도 할리우드 영화를 닥치는 대로 봤다고 한다. 하지만 막상 자신이 표현하게 되면 거의 비슷한 주제나 스토리로 반복해서 찍었다. 본인 스스로 "나는 두부 가게라서 두부밖에 못 만들어"라고 말했던 것처럼 그런 오즈다운 면을 관철했기에 '세계의 오즈'로 불리게 된 것이다.

사실 그 정도의 지성과 기술이라면 다른 스타일로도 상당한 수준의 영화를 찍을 수 있었을 것이다. 하지만 그는 의식적으로 자신의 기술을 한정했다. 그러자 카메라 앵글도 시나리오도 그 스타일에서 오즈를 뛰어넘지 못하게 됐다. 작게 한정한 것이 역사에 남을 위대한 대작으로 승화한 것이다.

"재능이 있는 사람은 남이 하는 것을 보면 자신도 할 수 있다고 생각하지만 실은 그렇지 않다"라고 괴테가 말했듯 재능이 있는 사람일수록 표현 수단에 있어서도 이것저것 할 수 있다고 생각하게 된다. 개그맨에서 영화감독이 된 기타노 다케시처럼 실제로 할 수 있는 사람이 없는 것은 아니지만, 그 사람 안에 잠재된 재능이 거대하지 않다면 이것저것 손대지 않는 편이 좋다. '표현 수단은 최소한으로, 흡수하는 그릇은 최대한으로' 해야 한다.

아쿠타가와 류노스케도 스스로 한정하여 이름을 널리 알린 사람 중 하나다. 그는 지금도 남녀노소를 불문하고 초등학생에게까지 널리 사랑받는 작가지만, 만약 단편에 주력하는 스타일을 버리고 대작을 쓰려고 했더라면 아쿠타가와의 장점은 사라져버렸을지도 모른다. 그는 대작가가 되는 걸 목표로 삼기보다 자신의 재능, 기력, 에너지를 모두 정교한 단편소설을 쓰는 데만 쏟은 덕에 일본 문학의 금자탑을 세울 수 있었다.

내 몸에 익히기

이것저것 연구해봤자 결국 실제로 응용한 것만 머릿속에 남으니까.

공부를 위한 공부는 헛수고다

단순하지만 전적으로 맞는 말이라고 생각한다.

이 말을 듣고 "고대사와 근대사를 청강했지만, 지금은 한마디도 기억나지 않아요. 하지만 지금 극화라도 하려 하는 시대의 역사를 연구했더라면 그 연구는 틀림없이 영원히 내 몸에 익었을 거요"라고 말하는 에커만의 발언도 좋다.

이 인용문을 읽으면 '어떤 사안을 공부하고 응용을 했더니 몸에 익더라'라는 식으로 받아들일지도 모른다. 물론 책상 위에서 배운 것은 실천해야 비로소 '아, 이런 것이구나'라고 실감해야 확실하게 알 수 있다. 하지만 실제는 그렇게 해서 완전히 익혔다는 말은 정확하지 않다.

괴테에 따르면 무언가를 공부할 때 무턱대고 시도한다고 몸에 익지 않는다. '좋아, 이걸 직업으로 삼아야지'라고 현실적으로 생각하고 배우려고 해야 하는 것이다. '이걸 하자'라는 마음가짐이 전제되지 않으면 소용없다는 뜻이다.

적어도 에커만은 그렇게 생각하고 있다. 처음부터 연극으로 만들 생각이었으면 고대사와 근대사가 자기 안에 더 많이 남아 있었을 텐데, 하고 안타까워한다.

괴테는 항상 배움을 작품이라고 생각했는데, 이는 풀어서 설명하면 배움으로 작품을 만들거나 일하겠다는 의지가 없이는 공부하지 않는다는 뜻이다. 이것이 몸에 익히는 요령이다.

명확한 의지를 갖고 있으면 공부할 때의 적극성과 눈에 들어오는 부분이 달라진다. 뭔가를 해내려고 보고 듣는 사람은 '이걸 무슨 일이 있어도 내 걸로 만들 거야'란 생각으로 꼭꼭 씹어서 먹는다. 자신이 하려고 하는 일에 비추어 이해하면 무엇이든 영양분이 된다.

스터디 모임이나 세미나에 적극적으로 참여해도 자신이 직접 뭔가 시급한 과제를 갖고 있지 않으면 배운 게 거의 도움이 되지 않는다. 그건 말하자면 공부를 위한 공부이기 때문이다. 여러 가지 공부를 해도 '언젠가 결론을 내자'고 느긋하게 임하다 보면 아마 평생 그 공부는 끝나지 않을 것이고 결론도 나지 않을 것이다. 해야 할 과제를 정하면 그에 따라 억지로라도 응용해봐야 한다.

일상의 사소한 부분에서 배움을 생활화하라

예를 들어, 나는 요리를 전혀 할 줄 모른다. 외식을 해도 맛있었는지 맛이 없었는지에 대한 감상만이 남는다. 간부추볶음은 A라는 식당보다 B라는 식당 음식이 맛있다는 정도의 지식은 얻을 수 있지만, 그게 전부다. 아무짝에도 쓸모가 없을 뿐만 아니라 입맛이 좋아진 만큼 A라는 식당에는 더 이상 가고 싶지 않아져 오히려 불편하다.

하지만 요리를 할 줄 아는 사람이라면 B라는 가게에 가서 먹었을 때 더 맛있게 간부추볶음을 만드는 요령을 터득할 수 있다. 설령 그때까지 간부추볶음을 먹어본 적이 없다 하더라도 식당에서 먹은 순간 만드는 순서나 양념에 필요한 것까지 파악할 수 있을 것이다. 요컨대 스스로 만들어 먹는다는 의식을 가지고 먹으니 그 요리의 핵심이 순식간에 몸에 배는 것이다.

또 내 경우는 남의 집 인테리어나 여성의 패션에는 크게 관심이 없어 딱히 의식해서 보지 않는다. 최근 나는 여배우를 직접 만날 기회가 있었는데, 가족들이 "어땠어?"라고 물어도 인물에 관해서라면 몰라도 패션에 관해서는 전혀 기억하지 못한다.

이런 일상의 사소한 장면에서도 항상 배운 걸 실천적으로 살리려는 마음가짐을 가지고 있느냐 아니냐에 따라 차이가 난다.

날짜 적기

어느 시든 그 아래 언제 만들었는지 날짜를 적어두는 거야.
그렇게 해두면 그게 동시에 당신의 마음 상태를 아는 일기로
서 도움이 될 거야. 이건 무시할 수 없는 일이야. 나는 몇 년
전부터 그렇게 해서 그게 얼마나 중요한지 잘 알고 있어.

책에도 날짜를 적어라

　보통 어른들은 하루하루 바빠서 일기와 같은 형태로 자신에 대한 기록을 남겨둘 시간이 좀처럼 없을 것이다. 남기려 해도 지속하기 어렵다.

　그런데 괴테는 자신이 행동하고 질주해가는 과정에 날짜를 적어두라고 권한다.

　나도 책을 읽고 나면 한쪽 귀퉁이에 날짜를 적곤 하는데, 이러한 기록은 그대로 살아있는 기록이 된다. 또한 삼색 볼펜으로 마음에 드는 부분에 선을 긋는 것은 이미 습관이 되어 있어서 그때 날짜를 적어두면 책을 버리지 않는 한 그 기록은 남아 있다. 나중에 무심코 책을 펼쳤을 때 '아, 이 책을 처음 읽은 게 중학생 때였나?', '왜 이런 곳에 밑줄을 그었을까?'라고 날짜를 적으면 자기 내면의 변화도 느낄 수 있어 재미있다.

또한 졸저에 사인을 요구할 때도 "서명 옆에 날짜를 적어주세요"라고 하는 경우가 많은데, 사인만으로는 그 사람과 내가 만난 순간을 동결시킬 수 없기 때문이다. 이름은 변하지 않지만, 날짜는 그 사람과 내 인생이 유일하게 교차했다는 증거가 된다. 날짜를 다는 것은 그 순간을 유일무이한 것으로 실감케 하는 효용이 있다.

인생은 늘 흘러가는 것이다. 서류 뒷면이나 수첩 구석에 아이디어나 생각나는 한마디를 적어두는 것은 행동의 기록이 되며, 그것 자체가 새로운 형태의 일기라고도 할 수 있다.

피카소가 바로 그런 사람이었던 것 같다. 피카소 자신이 '이걸로 내 작품이 완성되었다'고 생각한 작품이 하나도 없었다고 한다. 하루에 두세 점씩 그려서 습작의 감각에 가까웠을지도 모른다. 하지만 미완성이라고 생각해도 그림 구석에 사인하는 걸 잊지 않았다. 과정이기도 하지만 작품이기도 하다. 마치 바둑판에 바둑돌을 하나씩 두는 것과 같아서 나중에 위에서 내려다봤을 때 무엇을 했는지 한눈에 알 수 있다.

일과 별개로 자신의 행동을 시간대별로 정확하게 기록하고 정리할 여유가 있으면야 상관없지만 그렇지 않다면 나는 이렇게 직접 주석을 다는 방식을 습관화하기만 해도 충분하다고 생각한다.

작년 수첩을 버리지 마라

사실 나는 수첩을 버리지 않는 편이다. 대체로 작년 수첩은 올해와 세트로 가지고 다닌다. 작년 이맘때는 무엇을 하고 있었는지 확인할 수 있으면 올해는 무엇을 해야 할지 계획도 세우기 쉽다. 또한 일 년, 이 년이라는 긴 기간이 머릿속에 항상 있어서 앞으로 삼 년 동안 무엇을 할 것인지를 큰 틀에서 생각할 수 있다.

또 계획이나 아이디어를 수첩에 기록하고 있는데 작년 수첩은 그 계획이나 아이디어를 참고하기 위해 필요하다.

나아가 나는 수첩에 사람을 만날 장소와 시간뿐만 아니라 만나는 사람의 이름과 전화번호, 그리고 어떤 주제에 관해 이야기했는지 등도 메모해 두려 한다.

기억에 남긴다는 점에서는 '사건의 기념 일화'가 효과가 있다. "이거 참 맛있네"라고 네가 말해서 7월 6일은 샐러드 기념일'(『샐러드 기념일』 다와라 마치 지음)은 아니지만, 기억에 남을 만한 일에 적절한 이름을 붙이면 그 일을 기억하는 데 효과가 있을 것이다. 본인이 어떤 일에 대해서는 기념일로 생각하려 하고 어떤 일에 대해서는 그렇지 않은지, 기념일을 나열하다 보면 자신의 관심사가 어디에 치우쳐 있는지 그 경향도 보이게 될 것이다.

소중한 목표는
말하지 않는 법

나는 항상 모든 걸 조용히 간직하고 완성될 때까지 아무에게

도 알리지 않아.

침묵의 에너지 채우기

괴테가 말하는 '침묵'이란 말은 말하지 않고 실행하는 것과는 의미가 조금 다르다.

괴테는 다른 사람에게 사상이나 계획을 이야기했다가 의욕이 사라지는 것을 두려워했다. 말없이 조용히 자신의 안에서 에너지가 차오르기를 기다렸다가 넘치게 되었을 때 단숨에 토해내면 좋은 일을 할 수 있다고 믿었다.

물론 친구나 동료 등에게 "이런 생각을 하고 있는데 어떨까?"라고 말하며 일을 추진하려는 것이 인간으로서 평범한 감각이라고 생각한다. 또 선언을 통해 자신에게 압박을 가하는 유형도 있을 것이다.

하지만 몇 년 동안 술자리를 거절하여 "사교성이 없는 친구야, 붙

임성 없는 사람이야"라고 뒤에서 욕을 먹으면서 어느 날 사법고시에 합격하거나 회사를 차리고 문학상을 받아 작가가 되는 등 주위 사람들이 놀랄 만한 일을 해내는 사람은 역시 경의를 표하지 않을 수 없다.

내 지인 중에도 한 사람이 생각나는 인물이 있다. 전문 번역가도 아니면서 엄청나게 두꺼운 영어로 된 책을 척척 번역했다. 술을 마시자고 해도 거절했다. "아니, 실은 이런 책을 번역하고 있어서 곤란해"라는 말은 한마디도 하지 않고 집에 돌아가서 오로지 번역만 했다고 하는데, 모든 일이 끝나고 책이 완성되었을 때 주위 사람들은 납득하고 칭찬했다.

그런 목표나 해야 할 일이 생활 속에 있으면 매일 긴장되기도 하고, 그것이 마음의 성역(sanctuary)처럼 느껴져 들뜨기도 한다고 생각한다. 그렇다면 일이 완성될 때까지의 침묵은 에너지에 있어 매우 중요한 것이다.

마음속에 '비밀의 장소'를 가져라

포리스터 카터의 『내 영혼이 따뜻했던 날들(The Education of Little)』이란 책 속에도 괴테의 이 주장과 비슷한 〈비밀의 장소〉에 대한 이야기가 있다.

이 책은 원래 체로키 인디언의 지혜와 가르침에 관해 쓴 책이다. 체로키족의 할아버지, 할머니는 소년에게 "사람은 누구나 소중하고 자신에게 맞는 에너지 장소를 가지고 있단다. 하지만 그 장소를 다른 사람에게 말해서는 안 돼. 혼자 몰래 가서 에너지를 얻고 와야 하거든"이라고 말했다.

비록 절망에 빠져 있을 때라도 거기로 돌아가면 숨을 돌릴 수 있을 것만 같은 장소, 어머니의 자궁 같은 안락한 장소가 있으면 사람은 강해진다.

화가 무나카타 시코의 일화를 하나 더 소개하면, 무나카타는 스물두 살에 화가가 되겠다는 꿈을 안고 도쿄로 올라왔지만, 출발이 순탄치만은 않았다. 지인의 소개장을 들고 서양 화가이자 서예가인 나카무라 후세츠를 찾아갔을 때도 나카무라의 여동생에게 현관에서 문전박대를 당했다. 마음이 상한 무나카타는 마음을 가라앉히기 위해 나카무라의 저택 안에 있는 서예박물관으로 들어갔다. 하지만 어떤 작품이 좋은지 몰라 그저 바라보기만 했다.

그러는 사이에 방의 어스름한 한가운데에 어렴풋이 누워있는 돌상을 발견했습니다. 누워있는 그리스 여인의 조각상이었죠. 머리도 없고, 팔도 없고, 다리도 없는 토르소였는데, 그 조각상을 보고 나는 경탄에 마지않았습니다. 꼭 사람이 자는 것 같았거든요. 그것도 정말로 살아 있는 여인이.

- 『판극도(板極道)』, 무나카타 시코 지음

무나카타 씨는 그 누워있는 조각상의 훌륭함에 충격을 받았다.
마치 조각상에 폭 안겨있는 기분이었다고 한다.

"아오모리에서 도쿄에 온 것을 환영합니다. 그림 공부란 모름지기
다른 사람이 하는 말이나 정으로는 배울 수 없는 법이지요. (중략)
저도 말로는 표현하지 못하지만 아름다움은 계속 살아 있습니다.
아름다움은 말이 없지만, 언제나 아름다운 세계를 알립니다."

그런 목소리가 들리는 것 같았습니다. 고요히 아무도 없는 곳에 혼
자 있던 나는 조용히 비가 내리던 그때, 그리스 여신상으로부터 이
런 가르침을 받은 거죠. 고맙다, 정말로 고마운 일이야. 내가 동경
하던 이과는 뭐라 말할 수 없이 시시했고, 방금 문전박대를 당한
난처한 처지였지만, 그런 나를 말 없는 그리스 여신상이 안아주었
습니다. 하해와 같은 사랑으로 도쿄의 첫걸음을 맞아준 거죠. 그래
서 맹세했습니다. 이 여신이야말로 나의 스승이다. 반드시 제국 미
술 전람회에 입선하겠다. 그리고 슬픈 일이 있으면 이 조각상을 보
러 찾아오리라. 기쁜 일이 생기면 찾아올 테니, 부디 나를 지켜달라
고 맹세했습니다.

- 『판극도』

   그로부터 약 4년 후인 쇼와 3년(1928년)에 무나카타는 〈잡원(雜園)〉으로 제국 미술 전람회에 입선하여 단숨에 재능을 꽃피운다.

   그때 무나카타는 그리스 여신에게 "선생님, 덕분에 입선했어요. 감사합니다"라고 감사 인사를 올리는 걸 잊지 않았다. 그리스 여신 상을 만났을 때 했던 은밀한 맹세는 무나카타 씨의 마음을 항상 북돋아 주는 힘이 되었을 것이다. 무나카타는 여신을 마음의 '비밀의 장소로 두었던 것이었다.

   자신의 가장 소중한 것을 함부로 말하면 일상과 연결되어 성역이라는 감각을 잃게 되고, 그에 따라 의욕도 희미해지기 마련이다. 괴테가 "마음에 담아두라"라고 말한 건 개별적인 사색의 구체적인 계획을 말하지 말라는 뜻이 아니라, 그 사람의 영혼에 중요한 걸 함부로 말하지 말라는 뜻일 것이다. 말하지 않고 마음에 담아두면 에너지가 충만해진다고 현자들은 알려준다.

현실적으로 생각하라

그렇게 훌륭했던 사람이 아무짝에도 쓸모없는 철학적 사고
에 골몰했다고 생각하면 슬퍼져.

추상적 사색은 적당히

이 '그토록 뛰어난 사람'이란 괴테의 절친한 친구인 극작가 프리드리히 실러를 말한다.

동서양을 막론하고 인간은 철학이나 사색을 동경하며 깊이 생각하고 본질에 다가가는 걸 좋아한다.

그러나 일본인이 생각하는 사색에는 매우 추상적인 이미지가 얽혀 있다. 사색이란 이것저것 파고드는 것은 틀림없지만 일본인은 머릿속으로 의심하고 생각에 생각을 거듭하는 것만이 본질적 사고라고 생각하는 경향이 있다.

일본에서 구제고등학교가 동경의 대상이었던 시대에는 교양의 중심이 철학자 니시다 기타로나 칸트 철학에 있었다. 니시다 사색의 중심은 '절대 모순적 자기 동일'이라고 하는 알 듯 모를 듯한 매우 추상적인 논리였다. 하지만 그는 일본의 사상계를 이끌었던 인물이라서 그 영향력은 헤아릴 수 없이 컸다. 결과적으로 추상적 사고야말로 본질에 접근할 수 있다는 감각이 배어들며 일본인은 그 마력에 꽁꽁 묶이고 말았다.

물론 청춘의 한 시기를 보내기 위해서는 '존재와 본질은 어느 쪽이 우위인가'와 같은 추상적인 사고도 중요하지만, 언제까지나 그런 추상론에 매여있을 필요는 없다고 나는 생각한다.

그런데 실러도 그 정도의 지성과 교양을 갖고서 그와 같은 잘못을 저지르고 말았다. 즉 아무런 도움도 되지 않는 철학적 사고에 에너지를 쏟아버린 것을 친구 괴테는 한탄한다.

괴테는 극단적으로 추상에 치우쳐 생각하지 않았다. 본질은 파악하려고 했으나 그 본질을 구체적인 것 위에 보려는 타입이었다. 예를 들어 식물학이나 빛의 연구에서도 괴테는 '무릇 식물이란 무엇인가', '빛이란 무엇인가'에 대해 생각하지 않고, 구체적으로 씨앗에서 싹이 나고 잎이 자라는 식물의 메타모르포제(변태)를 직접 스케치했다. 머릿속으로 생각하는 게 아니라 실제로 몸을 움직여 조사하는 방식, 즉 현상 그 자체를 직접 파악하고 그 속에서 생명의 본질을 보는 방식을 택했다.

그런 의미에서 괴테는 상당히 이과적 정신을 가진 인간이다. 실제 경험이나 관찰을 통해 눈으로 본 현상에서 사물의 본질을 파악하는 '현상학'과 괴테의 사색 스타일은 매우 궁합이 잘 맞는다.

구체적인 생각에서 성과가 나온다

괴테가 추상적 사고와는 정반대에 있다고 평가한 인물이 아마도 셰익스피어일 것이다. 셰익스피어의 극을 보면 인생의 진리는 꿰뚫어 보지만 체계적인 철학적 사고방식을 인용해 심리를 설명하는 일은 없다. 등장인물 한 사람 한 사람이 인생의 진리를 농담 섞어 말하는 것, 말하자면 여기저기서 불꽃이 튀듯이 극이 구성되어있는 것, 이것은 관객 입장에서 보면 매우 재미있고 흥겹다.

하지만 이렇게 어떤 사상을 설명하기 위해 한 인물을 사용하고, 등장인물 한 사람 한 사람이 생생하게 움직이는 게 아니라, 형편없는 극이나 문학 작품은 어떤 인물이 작자의 꼭두각시처럼 독백한다. 말하자면 사상을 말하고 싶어 문학 작품을 만든다는 주객이 전도되는 일이 일어나는 것이다. 그런 소설을 읽는 것은 매우 지루한 일이다.

요컨대 괴테가 말하는 '현실적으로 생각하라'는 본질적인 것을 추구한 나머지 추상적으로 되기 쉬운 경향을 경계한 말이다.

졸저 『질문의 힘(質問力)』에서도 구체적인 것과 추상적인 것, 본질적인 것과 비본질적인 것으로 좌표축을 세워보았는데(아래 그림 참

조), 일본인은 본질을 추구하면 구체성이 결여된 제 4사분면에 모이기 쉽다. 이 좌표축으로 볼 때, 구체적이지만 비본질적인 제 2사분면은 이른바 정보통의 영역에 해당하고, 제 3사분면의 비본질적이면서 추상적인 경우는 사색은 거의 몽롱하고, 혼란스러운 상태를 이룬다.

괴테도 실러도 본질을 추구하는 점에서는 같다. 자연과학 분야에서 종합적이고 직관적인 태도를 보였던 괴테와 이념적이고 분석적인 실러는, 괴테의 식물변형론을 통해 상호 이해하였다. 괴테는 예나에서 식물학의 스승이라 할 수 있는 칼 바취 교수와 같이 식물과 환경의 관계를 탐구하며, 다양한 식물에 내재된 가장 근본적이고 단순한 원리를 찾으려 했다. 하지만 추상적인 사고에서 벗어나지 않으면 뭔가를 만들어내기는 불가능하다고 괴테는 말한다.

괴테는 식물이나 빛의 연구든 인물 관찰이든 항상 제 1사분면에 있다고 말한다. 즉 '구체적이고 본질적'이란 말이다.

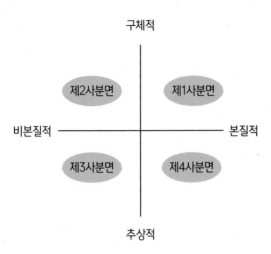

"

| 2장 |

흡수

"

시야 넓히기

취미란 중급품이 아니라 가장 우수한 것을 접해야 만들어지는 법이야. 그래서 최고의 작품만 자네에게 보여주는 거야. 자네가 자신의 취향을 제대로 확립한다면, 자네는 다른 걸 평가하는 척도를 갖게 되고 다른 걸 과대평가하지 않고 정당하게 평가하게 될 걸세.

최고만을 보아야 안목이 생긴다

이 괴테의 말에 나는 큰 영향을 받았다.

일반적으로 우리는 아래로부터 순서대로 가는 경향이 있다. 예를 들어, 공부를 하더라도 한글을 먼저 배우고, 한자를 공부하고, 이것저것 별것 아닌 글을 읽고, 일본인은 고등학교에 들어와서야 대문호 나쓰메 소세키나 평론가 고바야시 히데오에게 도전하는 것처럼, 낮은 수준에서 시작하고 싶어 한다. 아니면 시작해야 한다고 생각한다. 처음에는 배우기 쉬운 것, 알기 쉬운 것을 접하고 단계를 밟으며 마지막에는 최고 수준의 작품을 접하려고 하는 것이 일반적인 경향이다.

그러나 괴테는 중간 정도의 작품을 많이 본다고 해서 사물을 보는 눈이 길러지지 않는다고 말한다.

그 '최고를 알면 나머지는 저절로 알게 된다'라는 발상을 알고부터 나는 사물을 보는 눈과 대하는 방식이 많이 바뀌었다.

한 가지 특이한 점은 클래식 음악에 대한 사고방식이다. 어느 순간까지만 해도 나에게 클래식은 따분하고 시시한 것이어서 굳이 따지자면 '싫어하는 음악'에 속해있었다. 그런 나도 최고의 곡이나 최고의 연주를 들으면 순순히 마음을 파고든다는 것을 알 수 있었다. 클래식에 정통하지 않아도 제일 좋다고 정평이 난 것은 순수하게 재미있다.

클래식 명곡은 음악적으로는 매우 높은 수준에 있다. 바흐 같은 고전도 현대곡으로 재해석하면 또 다른 매력이 나온다. 록이나 가요곡도 좋지만 역시 클래식은 완성도가 높고 그중 가장 뛰어나다. 내가 클래식을 싫어했던 이유는 어중간한 곡을 들었기 때문이다. 최고봉을 알면 그다음은 상대적으로 평가하면 된다. 그리고 이 방법은 매우 합리적이다.

시간이 지나면서 점점 더 '좋은 것'을 알게 되면 즐겁고 흥이 난다. 다만, 처음부터 최고를 접하라는 발상에는 괴테의 합리성이 잘 드러난다.

지금을 알기 위한 '고전'

감각을 연마하기 위해 접해야 할 가장 좋은 것으로 괴테는 '고전'을 꼽았다. 고전으로 자신의 취미를 확립하면, 사물을 판별하는 제대로 된 척도가 생긴다는 것이다.

이를 괴테는 "시세를 아는 것이 중요하다"라고 바꿔 말하기도 했는데, 시세란 그다지 품위 있는 표현은 아니지만, 요컨대 기준이 있으면 다른 것을 정확하게 평가할 수 있다는 뜻이다. "각각을 평가하기 위해서는 시세를 알아야 한다. 문학도 마찬가지다."

가령, 우리는 돈에 관해 어떤 지폐가 더 가치가 있고, 어떤 것이 더 싸다고 잘못 평가하지 않는다. 하지만 문학은 아무리 시간을 들여 연구해도 자기 안에 기준을 세우기가 쉽지 않다. 괴테는 "그렇게 하면 너의 가장 귀중한 시간이 매일 몇 시간씩 날아가 버린다"라고 충고한다. 괴테 자신도 실러와 함께 문예잡지 등에 참여했던 것을 후회할 정도다.

괴테는 인생이 유한하다고 생각한다. 따라서 "어차피 열정을 쏟을 거라면 어중간한 것보다는 가장 좋은 것에 쏟아라"라고 말한다. 가장 좋은 것으로 척도를 확립할 수 있다면 시간 낭비를 피할 수 있다.

예를 들어 작가 가와바타 야스나리를 기준으로 하면 일본 문학의 정점을 알 수 있다. 거기서 다른 작품을 얼추 평가할 수 있다. 현대

작가의 작품만 알면 그것이 최고라고 생각하고 그 주위만 맴돌게 된다. 이는 인생을 살아가는 방법으로는 상당히 손해가 아닐까.

음악이라면 모차르트다. 여담이지만 모차르트의 어떤 곡을 들으면 IQ가 순간적으로 치솟는다고 세계 최고의 과학잡지 〈네이처〉에 발표된 사실이 있다. 다른 클래식 곡으로는 안 된다고 한다. 참 대단한 모차르트다.

어쨌든 모차르트의 피아노 협주곡이, 베토벤의 중기 및 후기 현악 4중주곡이 상당히 완성도가 높다는 사실을 알고 있다면 다른 곡들과 거리를 두고 차분하게 들을 수 있을 것이다. 최고의 음식 이외에는 다른 음식이라고 생각하고 적당히 대하면 된다.

괴테의 흥미로운 점은 어디까지나 좋고 나쁨에 집착하고 있다는 것이다. 보통은 좋고 싫음을 척도로 삼는 경우가 많을 것이다. 최근에는 특히 미술이나 음악도 좋고 나쁨을 논하는 게 아니라 좋음과 싫음으로 이야기하자는 조류가 있다.

하지만 좋고 싫음과는 다른 객관적인 비평안이 없으면 이류 삼류에 쓰는 시간이 늘어난다고 괴테는 말한다.

물론 정말로 좋은 걸 알게 된 경우, 그것을 손에 넣지 못했을 때의 괴로움이 없는 것은 아니지만, 일류를 접해본 적이 없는 무미건조함에 비하면 아무것도 아니다.

'관심 없다'라는 말은 금기어다

나는 척도란 의미에서 한 가지 더 유의하는 게 있다. 이를테면 '논 픽션은 읽지만 픽션은 읽지 않는다', '클래식은 좋아하지만 가요는 듣지 않는다'란 식으로 장르를 가리는 것을 주의한다.

어떤 장르든 정점에 있는 사람들을 보면 가슴에 와닿는 게 있다. 로쿄쿠(浪曲, 전통 현악기 샤미센의 반주에 따라 서사적인 내용의 이야기를 전하는 일본 전통 음악 장르의 하나이다-역주)도 '히로사와 도라조는 좋구나' 하고 즐길 수 있다. 정점에 있는 것에는 보편성이 있다는 것을 알게 된 것이다.

어른에게도 그런 경향이 있지만, 초중고생은 유난히 호불호가 심해서 좋다고 생각하는 것 말고는 완전히 배제하고 자신이 열중하고 있는 무언가를 고수하려고 한다.

예를 들어 자신이 만화잡지 〈소년 점프〉를 좋아한다면 제대로 읽어보지도 않고 〈소년 매거진〉은 전혀 재미없다며 기피하는 극단적인 모습을 보인다. 다른 것을 알게 되면 자신의 흥미의 근거지가 무너지는 듯한 기분이 들겠지만, 전혀 의미가 없는 짓이다.

나도 예전에 아이돌 가수 마츠다 세이코의 CD 앨범을 즐겨 들어서, 동료들 사이에서 큰 웃음거리가 되었다. 내가 좋아해서 비디오에 녹화했던 세이코와 나카모리 아키나는 동료들 사이에서 매우 저급한 문화로 여겨졌기 때문이다.

하지만 당시 그들은 가요 아이돌의 정점에 있었고, 정점을 이룬 건 장르의 고급과 저급을 떠나 그것과는 상관없이 즐겁다. 하지만 가요곡이라고 삐딱하게 생각하면 그 즐거움을 영영 알지 못하게 된다. '그런 거엔 흥미가 없다'라고 배제하며 시야를 좁히지 말고 받아들이자. 그러면 좋아하는 세계가 넓어진다.

어떤 영역이든 가장 좋은 건 존중하는 것이다. 올림픽 정도 되면 비록 비인기 종목이라도 정상에 있는 선수라면 나름의 반짝거림이 있게 마련이다. 세계를 넓히기 위해 정점에 있는 것을 알면 시야가 넓어진다.

또 자신의 청춘과 얽혀있으면 그 계절이 지난 뒤에 갑자기 자기 주위에서 배척하고 싶은 충동이 들기도 한다. 이것도 세계를 좁히는 행위 중 하나다.

과거의 자신에게 묻어있는 것들이 왠지 부끄럽게 느껴진다. 젊음의 실수와 섞여 버려서인데, 이것은 좋고 나쁨과는 별개의 문제이므로 좋은 추억으로 마음속에 간직해 둔다.

분명한 것은 지난날이 행복했든 불행했든 간에 지금 이 상황에는 아무런 영향도 끼치지 못한다는 것이다. 부끄럽게 느껴지는 과거가 있다고 하더라도 불안해하지 않고 앞으로 나아가는 면모가 더 중요하다.

54

젊음은 젊음대로 아름답기 때문이다. 그렇기에 이편의 내가 저편의 나를 사랑해 주는 일은 당연한 것이다.

창의성이란 존재하지 않는다

독창성이란 말을 심심찮게 듣는데, 뭘 의미하는 것일까! 세상은 우리가 태어나자마자 우리에게 영향을 미치기 시작해서 죽을 때까지 계속되지. 언제나 그랬다네. 우리가 우리 자신의 것이라고 부를 수 있는 게 에너지와 힘과 의욕 말고 또 있나! 내가 위대한 선배나 동시대인 중에 은혜를 입은 사람의 이름을 하나하나 거론한다면, 남은 이름이 얼마 없을 걸세.

독창성이란 무엇인가

독창성은 『괴테와의 대화』에서 가장 중심적 주제이다. 당시 독일의 낭만주의파 사람들은 자신과 동시대 작가의 재능에 대해 "독창성이 뛰어나다", "독창적이다"라며 자화자찬을 했는데, 괴테는 그 말을 듣고 씁쓸해했다.

괴테의 주장은, 어떤 것도 선인들의 영향 없이 만들어진 것은 없다는 것이다. 위대한 선구자들의 작품을 모방하고 계승했다는 의식을 갖는 것이 오히려 정당하며, 그것을 자신의 독창성이라고 생각하는 것은 자만이라고 지적한다.

예를 들어 셰익스피어의 『햄릿』이나 괴테의 『파우스트』도 이미 있는 포크로(folklore, 전승)가 원점이며, 이미 있는 전승을 변주하여 전례 없는 명작 중의 명작으로 만들었다.

일본으로 말하자면 무라사키 시키부의 『겐지 이야기』는 사실 중국에 있었던 이야기를 받아들여 만든 작품이다. 그래서 현대에 들어와 다양한 작가들이 『겐지 이야기』를 바탕으로 다양한 작품을 만들어내고 있다.

그럼에도 괴테는 과거의 유산이라 할 수 있는 문화를 무시하고 얄팍한 독창성에 무게를 두는 것이 근대의 병이라고 단언한다.

그런 발상은 자신의 그릇을 작게 만들 뿐이다. 괴테는 현대인들이 '독창성'이라는 환상에 사로잡혀서 선인들의 성과를 공부하지 않게 된 건 아닐까 걱정했다. 그래서 일부러 '독창성은 의미가 없다'고 말한 것이다.

이는 나중에 소개할 '독학은 비난받을 만한 것'이라는 잠언과도 관계가 있다.

라파엘로 등 당시 화가들의 예를 살펴보면, 그 무렵에는 한 공방에 들어가 팀으로 일하는 것이 예술가가 되는 자연스러운 코스였다. 스승의 수법을 모두 흡수하고 흡수가 끝나면 다음 공방으로 간다. 그러한 과정을 여러 번 거쳐 연마하는 것을 오히려 당연하게 여겼다.

사실 셰익스피어나 모차르트처럼 가장 독창적으로 꼽히는 지성이 기존의 좋은 것을 잘 소화해서 만들어낸 것이다.

모차르트로 말하자면 그의 작품 중에는 하이든(유명한 음악가 프란츠 요제프 하이든과는 다른 작곡가)의 곡과 매우 흡사한 데가 있다. 독창성이란 주관적인 요소에 사로잡히기보다는 좀 더 강력한 것을 동경하고 크게 영향을 받으라고 괴테는 말한다.

괴테는 독창성이란 단순히 새로운 것을 만들어내는 것이 아니라, 과거와 현재를 연결하는 다리 역할을 해야 한다고 보았다. 그는 우리가 과거의 문화와 지혜를 존중하고, 이를 현대적인 맥락에서 재조명함으로써 더 깊고 풍부한 창작물을 만들어낼 수 있다고 강조했다.

결국 괴테의 경고는 단순한 과거 회귀가 아니라, 과거와 현재를 통합하여 더 나은 미래를 창조하는 방향으로의 진정한 창의성을 추구하라는 메시지였다. 이는 오늘날에도 유효한 교훈으로, 현대인들이 쉽게 잊어버리기 쉬운 가치이기도 하다.

객관성을 갖고 즐기기

그런 의미에서 현대에서도 그런 실수가 자주 일어난다.

지금처럼 주관성이 절대시 되고 객관성이 경시되는 시대는 없다. '나'라는 주체가 기분이 좋은지, 기분이 좋지 않은지에 모든 가치가 결정된다.

1980년대 이후의 일본에서는 그러한 경향이 특히 두드러졌다. 독단적이랄까, 바깥 세계를 거의 공부하지 않고 주관을 좋게 여기며 주관 중에서도 철저하게 감각주의적이고 좋아하는 것을 좋아한다는 기준만으로 달려왔다.

이것이 1960에서 1970년대의 대항문화(counter culture)와 1980년대 이후를 석권한 포스트모던적 풍조의 여파인데, 이 무렵부터 시작된 주관에 치우친 풍조에는 다소 넌더리가 난다.

예를 들어 올림픽 대표 선수들이 "열심히 하고 오겠습니다"라고 말하지 않고 "즐겁게 하고 오겠습니다"라고 말하기 시작한 것은 1980년대 이후다. 과거에 압박감에 짓눌려 힘을 발휘하지 못하는 선수가 많았던 데 대한 반작용인지 선수들은 하나같이 "즐겁게 하고 오겠습니다"라고 말하기 시작했다. 경기를 즐기러 가는 것은 좋지만, 선수로서 참가해놓고 참패해도 즐길 수 있을까, 나 같은 사람은 생각한다.

기분이 좋고 즐거운 건 분명 중요하지만, 세계는 지금 어떻게 돌아가고 있고 나는 지금 어느 정도의 위치에 있는지, 그런 객관성을 갖춘 상태에서 '즐겨야' 결과적으로 몇 배는 더 즐길 수 있지 않을까.

예를 들어 축구선수인 나카타 히데토시는 대표팀의 승패에 일희일비하지 않는다. 세계적 기준으로 볼 때 현재 일본의 힘은 이 정도라고 냉정하게 판단하기 때문이다. 그의 내면에는 세계 기준이란 객관성이 있어 건방지게 들리는 발언도 설득력이 느껴진다.

기준이 있어 말하는 사람과 정말로 독단적으로 말하는 사람이 지금은 동등한 취급을 받고 있다. 그 원인은 위대한 것을 존경하고 거기에서 배우는 전통이 끊어졌기 때문이다.

황금사과와 감자의 차이

괴테는 항상 위대한 것에 대해서는 솔직하다. 공부도 계속했다.

셰익스피어의 예를 들자면, "셰익스피어는 은접시에 황금사과를 얹어 우리에게 내민다. 그런데 우리가 그의 작품을 연구하면 은접시는 어떻게든 손에 넣을 수 있다. 하지만 거기에 올릴 게 감자밖에 없다"고 괴테는 말했다. 셰익스피어를 신처럼 숭배하는 발언이 아니라 객관적으로 보고 한 말이다. 객관적으로 봤을 때 셰익스피어는 자신보다 훨씬 위이며 도저히 이길 수 없는 존재임을 괴테는 인정한다. 그런 기준을 갖고 있어 괴테는 객관성을 유지할 수 있는 것이다.

독창성의 중시는 다시 말해 개성의 편중이자 자유주의라고 바꿔 말할 수 있다. 그로 인해 배운 것과 개성은 대립하고, 배우면 배울수록 독자성을 잃는 것처럼 보이는 것이 문제이다. 가령, 모차르트가 열다섯 살이었을 때, 그만큼 음악을 공부한 사람은 없을 것이다. 피카소나 데즈카 오사무처럼 천재로 불리는 사람들, 가장 독창적인 사람들의 어린 시절을 보면 엄청난 양을 공부한다.

학습 속도가 너무 빨라서 기본적인 것을 빨리 배우다 보니, 기초가 없어도 창의성이 있는 것처럼 보일 수 있지만, 요컨대 세상에서 가장 많은 양을 공부한 사람이 창의적인 일을 하고 있을 뿐이다.

괴테가 200년 전에 비판했던 조류가 사실은 지금의 일본에 더 강한 형태로 흘러들어왔다. 실제로 지금은 대학생조차 "교양이 없어도 상관없다", "모르면 좀 어때?"라고 되물으니 황당하다. 대학생들이 '모르는 것은 부끄러운 일이다'라고 생각하지 않게 된 것이 지난 20년간의 큰 변화다. 내가 대학생이었을 때는 '모르는 것은 부끄럽다'는 감각이 일단 우위에 있었다.

이러한 교양의 쇠퇴는 어느 세대에서나 공유되어야 할 '표준 텍스트(standard text)'가 없는 데에 원인이 있다. 책도 '좋은 책을 읽어라'가 아니라 '좋아하는 것이면 뭐든지 좋다'가 되고, 더 심해지면 '책 같은 것은 읽지 않아도 된다'고 생각하는 대학생이 있다.

포스트모던은 1960년대의 대항문화(counterculture)에서 비롯되었다. 이전 시대의 것을 전부 부정하는 데서 새로운 자유와 창조가 나온다는 세뇌가 너무 강해서인지 선조들의 유산을 배우려는 자세는 거의 사라졌다. 즉 괴테가 안고 있던 과제 의식의 배경에 있던 것, 즉 당시 독일의 위기 상황은 더 비참한 상태가 되어 지금의 일본을 덮치고 있다.

"세상은 내가 태어난 후로 줄곧 나에게 영향을 미치고 있으니, 독창성에 대한 일종의 환상을 버리라"는 괴테의 말은 바로 그런 현대에 중요한 메시지가 된다고 나는 생각한다.

비난받아야 할 독학?

모든 걸 독학으로 배웠다는 건 칭찬할 일이 아니라 오히려 비

난할 일이야.

그 분야의 대가를 만나라

독학으로 배운 걸 자못 좋은 일처럼 말할 때가 있다.

가령, 이 인용구는 여성들이 젊은 화가의 초상화를 칭찬했을 때 괴테가 대답한 것이다. 부인들은 그림의 아름다움을 칭찬하면서, "게다가 이 사람은 독학으로 그림을 완성했어요!"라고 말했다. 혼자서 솜씨를 연마했다는 것은 그만큼 노력했다는 증거다. 누구에게도 배우지 않고 이렇게까지 할 수 있다는 것은 대단한 일이며, 이런 견해는 지금도 널리 퍼져 있다고 생각한다.

이 말에 이어 괴테는 이렇게 말한다.

"재능이 있는 사람이 태어나면, 그가 하고 싶은 대로 내버려 두어서는 안 되며 훌륭한 대가를 모셔 솜씨를 갈고닦아 상당한 기량을 가질 필요가 있기 때문이야. 지난번에 모차르트의 편지를 읽었는데, 모차르트에게 작곡한 곡을 보낸 남작에게 보내는 편지였다네. 편지에는 이렇게 쓰여 있었던 모양이야. '당신네 호사가(딜레탕트)에게 쓴 소리해야겠군요. 당신들한테는 항상 두 가지 공통점이 있어요. 독자적인 사상을 가지고 있지 않아 다른 사람의 사상을 빌려오는 부류, 독자적인 사상을 가지고 있는 경우에는 써먹지 못하는 부류. 둘 중하나입니다."

괴테는 이 화가의 재능을 인정하면서도 독학으로 칭찬받아야 할 것은 그 의욕뿐이며, 재능이 있는 사람은 대가를 따라 수련하는 것이 훨씬 낫다고 말한다. 그 모차르트조차 대가를 따라 공부했으니까, 라는 비아냥거림을 잊지 않은 점이 괴테답다. 괴테는 초상화의 손을 보고 이 화가가 독학으로 그림을 익혔다는 사실을 바로 알아차렸다고 말한다.

"특히 정확하지도 예술적이지도 않게 그려진 두 손을 보고 바로 알 수 있었다."

"아드님은 재능이 없습니다."

이어서 괴테는 레오나르도 다빈치가 했다는 말을 덧붙였다.

"레오나르도 다빈치는 이렇게 말했어. '아드님의 그림에서 뚜렷한 명암으로 부각하여 보는 사람이 손으로 잡고 싶을 정도의 감각이 보이지 않는다면, 아드님은 그림에 재능이 없습니다.' 또 레오나르도 다빈치는 '아드님이 원근법과 해부학을 충분히 익힌 후에 훌륭한 대가에게 가르침을 받도록 하십시오'라고도. 그런데 요즘 젊은 예술가들은 스승을 떠나면서도 그 두 가지를 제대로 이해하지 못하고 있어. 세상도 참 많이 변했지."

원근법과 해부학 같은 회화의 기초를 먼저 습득하고, 대가 밑에서 여러 가지를 배워야 한다는 것이다. 앞서 말했듯이 당시 이탈리아에는 공방 시스템이 확립되어 있었다. 그림은 화가 혼자 작업하는 게 아니라 집단으로 작업했고, 맡은 일을 여러 명의 장인이 분담해서 완성하는 것이 일반적이었다.

그 시스템에 관해서는 『벤베누토 첼리니 자서전』에 자세히 나와 있다. 첼리니는 이탈리아 미술사상 가장 유명한 조각가다. 한 공방에서 실력을 갈고닦으면 다음 공방으로 옮겨간다. 공방에 들어가는 것이 곧 배움이고, 수업이고, 일이었던 셈이다. 이것은 독학이라고 할 수 없다.

사실 괴테는 이 『벤베누토 첼리니 자서전』을 번역하며 그 매력에 홀딱 반했다. 그는 장인의 기술을 스승으로부터 습득하는 것이 중요하다는 것을 알고 있었다. 최근에는 이런 사고방식이 낡았다고 생각되지만 나는 괴테의 의견에 동의한다.

건축가 안도 다다오처럼 독학한 사례는 분명히 있지만, 그가 독학한 과정을 들어보면 보통이 아니라는 것을 알 수 있다. 한마디로 그의 경우는 대학 건축학과에 갈 필요도 없을 정도로 공부 속도가 빨랐다. 이곳저곳을 돌아다니며 가치 있는 건축물들을 둘러보았고 실물을 교재 삼아 이론적인 공부를 계속한 셈이다.

그런 그에게도 예를 들어 르 코르뷔지에 같은 존경하는 건축가가 있다. 르 코르뷔지에에게 하나하나 배운 것은 아니지만, 그의 건축물을 이것저것 많이 보면서 그에게 배운 것이나 다름없었다. 안도는 마음속에 스승을 확실히 세우고 건축가로서 성장해갔던 것이다.

괴테가 "스승에 대해 배워라"라고 권한 가장 큰 이유는, 스승이 있어야 체계적으로 기초를 배울 수 있기 때문이다. 원근법도 모르고 그림을 그리면 잘 그리는 것처럼 보여도 결국은 이류에 그치게 된다.

학력도 중요한 정보

현재에 비추어 볼 때, 지금의 사회는 학력을 경시하는 경향이 있다. 채용에 관해 학력은 보지 않는 기업도 많아지고 있다.

하지만 진보적인 발언으로 통하는 한 대학교수가 "경력, 요컨대 누구에 대해 어떤 공부를 해왔는지가 의외로 중요하다"고 말하는 것을 듣고 나는 상당히 놀랐다. 그와 동시에 매우 납득할 수 있었다. 학력을 전혀 고려하지 않고 그 사람만을 바라보는 채용 방식은 언뜻 공평해 보이지만 사실은 중요한 정보를 무시하는 것이다.

중요한 정보란, 즉 경력이나 학력이 그 사람에게 크든 작든 미치는 영향이다. 괴테도 "평생을 엄숙한 참나무에 둘러싸여 있는 사람은 매일 가벼운 자작나무 아래를 산책하는 사람과 다른 사람이 되는 게 당연하다"라고 말했다.

예를 들어 게이오기주쿠대학 후지사와 캠퍼스(SFC)에 다니는 학생이 있다. SFC에는 미국화된 개성적인 기풍과 학풍이 있고 교수들은 개방적이고 유연성이 풍부한 학습 스타일을 의식하며 교편을 잡고 있다. 즉, SFC의 공기를 마시는 걸로 학생들은 적지 않게 영향을 받고 그것이 학생들이 풍기는 분위기가 되기도 한다.

현재는 누구의 지도도 받지 않고 뭔가를 한다는 것이 긍정적인 가치처럼 여겨진다. 하지만 같은 수준에 도달한다면 스승을 따라 제대로 된 기초를 쌓는 편이 그러한 경지에 도달하는 것도 빠르다.

그런데 왜 독학이 칭찬받는 것일까. 예를 들어 대학 입시도 학원에 가지 않고 독학으로 합격했다는 사실을 자랑하는 것처럼 말하기도 한다. 아마도 독학으로 합격하는 쪽이 능력이 높다고 느끼기 때문일 것이다.

사제 관계에서만 배울 수 있는 것

예전에는 나도 그렇게 생각했다. 하지만 지금은 학원에 가서 합격하는 것과 가지 않고 합격하는 것 중에 가서 합격하는 편이 낫다고 생각하게 되었다. 학원처럼 남에게 배우는 것은 독학으로 얻을 수 없는 자극을 받기 때문이다.

나는 중고등학교 때 운동부원이어서 학원에는 별로 다니지 않았지만, 상경해서 학원에 갔을 때 이렇게 재미있는 사람들이 있구나 하고 감탄했다. 특히 강사진에게는 교양을 요구하는 분위기가 있었다. 물론 수험 내용은 가르쳐주지만, 거기에 그치지 않고 넘치는 교양의 에너지가 있던 것이다.

그중에서도 의대 수험생을 위한 일본사 수업은 언제나 선 채로 들을 정도로 인기가 있었다. 생각해보면 의대를 지망하는 학생에게 일본사는 그다지 의미가 없는 과목이다. 그럼에도 수험 직전의 시간적, 정신적 여유가 없는 시기에 어째서인지 교사와 학생 모두 교양적인 것에 불타오르는 이상한 열기가 있었다.

그 일본사 선생님이 왜 그토록 학생들에게 환영받았는가 하면, 천재적인 스토리텔러였기 때문이다. 선생님이 『헤이케 이야기(平家物語)』나 '메이지유신'에 대해 말하기 시작하면, 그 당시의 광경이 생생하게 떠올랐다.

그 선생님의 수업은 수험공부의 긴장감을 이용한 교양교육이었다. 스승과 제자 사이에는 목적을 벗어난 만남도 있을 수 있는 것이다.

이를테면 오리구치 시노부란 문학가가 있다. 샤쿠초쿠란 이름으로 유명한 가인이기도 하다. 오리구치는 동성애자였고, 동성애를 하나의 축으로 학문의 공동체(일파)를 만들었다.

노래의 세계는 요컨대 정념의 세계, 에로스의 세계이며, 고대 문학은 그러한 정념을 포함하고 있다. 오리구치도 그렇게 생각해서 스승과 제자가 생활을 함께하는, 숙식을 함께하는 매우 깊은 공동체를 만들었다. 모두가 동성애자는 아니지만, 그러한 생활을 해야 전해지는 무언가가 있었을 것이다.

이렇게 만들어진 일파는 폐쇄적이라고도 할 수 있는데, 거기까지 사사한 사람은 역시 오리구치의 사상을 뼛속 깊이 받아들였을 게 틀림없다.

이견이 있을지 모르지만, 뭔가 매우 수준 높은 것을 전달하고자 할 때 강한 사제의 관계 속에 있어야 배울 수 있는 게 있다. 이는 아마도 그저 오리구치의 책을 읽는 등의 독학으로는 도저히 배울 수 없는 것이다.

강한 사제의 관계는 또한 질문과 답변을 통해 이루어진다. 독학으로는 접하기 어려운 직접적인 피드백과 토론의 기회를 제공함으로써, 학생은 자신의 이해도를 점검하고 깊이 있는 사고를 발전시킬 수 있다. 스승과의 대화는 단순한 지식을 넘어서, 문제 해결 능력과 비판적 사고를 키우는 데 중요한 역할을 한다.

게다가, 스승은 학생이 가진 잠재력을 끌어내어 그것을 최대로 발휘할 수 있도록 돕는 역할을 한다. 이는 독학으로는 얻기 힘든 격려와 동기부여를 제공함으로써 가능하다. 스승의 지도와 지지는 학생이 어려움을 극복하고 더 높은 수준에 도달하도록 돕는다.

결국, 수준 높은 배움은 단순히 지식의 축적이 아니라, 깊이 있는 이해와 성찰, 그리고 이를 실천하는 능력을 포함한다. 이러한 배움은 강한 사제의 관계 속에서 비로소 완성될 수 있으며, 이는 독학으로는 결코 대체할 수 없는 것이다.

기본 없이는 개성도 없다

이야기가 조금 길어지는데, 원근법은 다빈치 시대에 확립되었다. 다빈치가 밀라노에 있는 산타마리아 델레 그라치에 수도원 식당에 그린 〈최후의 만찬〉으로 원근법이 완벽하게 증명됐다. 최근 이 그림에서 그리스도의 관자놀이에 구멍이 뚫려 있는 것이 발견됐다. 그리스도의 관자놀이에 있는 점을 소실점이라고 하는데, 다빈치는 이 소실점에서 끈을 잡아당겨 원근법적인 작도를 한 것으로 알려져 있다.

그런 위대한 발견이나 창조를 다음 세대가 모르거나 배우지 못할때가 많다. 그림으로 말하자면, 인상파는 명확한 형태를 그리는 것을 일체 부정하고 빛의 변화무쌍한 움직임만으로 묘사한다. 형태를 그리지 않고 빛의 움직임만으로 표현한다는 건 언뜻 보기에는 진화한 것처럼 들리지만, 사실 그 인상파다움은 인상파의 약점과 떼려야 뗄 수 없다.

인상파가 다빈치의 '모나리자'를 뛰어넘었다고 말할 수 없듯이 현대 조각은 미켈란젤로의 다비드상이나 피에타 등을 기술적으로 뛰어넘었다고 말할 수 없다.

다빈치는 그림의 다양한 기법을 스스로 고안해냈다.

예를 들어 '모나리자'는 철저한 명암만으로 그려져 있어 그림에 윤곽선이 없고, 붓 자국이 없어서 피부 자체가 부각되어 있는 것처럼 입체적으로 보이는 것이다.

오늘날에는 에어브러시로 윤곽선을 완전히 흐릿하게 그리는 게 가능하지만, 다빈치는 자신의 손가락을 사용해 윤곽선을 완성했다. '독학'이란 이름 아래 그러한 고도의 기법이나 철저한 이론의 축적을 계승하려 하지 않는다면 그것은 명백히 어리석은 짓이다.

생각해보면 이전 시대를 기술적으로 뛰어넘지 못한다는 것은 상당히 부끄러운 일이다. 예술 외의 다른 분야에서는 좀처럼 그런 경우가 없는데, 개성을 핑계로 기초나 기본이라는 뿌리로부터 흡수하는 것을 경시하는 경향은 역시 현대인이 약해지고 있다는 증거이기도 하다. 기초가 없어도 개성적이면 된다며 제작자 측은 어물쩍 넘어가고, 감상자 측은 그 풍조를 허락한다.

예를 들어 현대인은 '잘 못 그리지만 개성적이다'라는 말을 듣는 그림을 좋아하고, 잘 그린 그림에 익숙해져서 서툴더라도 개성적인 그림을 우월하게 본다.

반면에 스포츠 세계에서는 '잘하는 게 좋은 것'이라는 원칙이 흔들리지 않는다.

"저 선수는 기본은 없지만 개성 있어서 좋네. 실력은 형편없지만 매력 있어"라는 말은 절대 하지 않는다. 그래서 스포츠의 세계는 계속 진화한다. 축구의 펠레와 지단을 비교해보면 아마 지단이 더 잘할 것이고, 펠레라는, 좀처럼 세상에 나타나지 않을 천재를 축구 실력 향상을 위한 노하우로 극복해왔을 것이다.

기초라는 것이 좋은 학교에 가면 그냥 가만히 있어도 익힐 수 있을 만큼 만만한 건 아니기 때문에, 자신의 표현의 골격이 되는 기초를 제대로 익혀야 '허물어진 스타일'을 만들 수 있다. 피카소가 큐비즘의 시대로 옮겨간 것도 젊은 나이에 기술을 터득한 뒤였다.

사진작가 아라키 노부요시는 한 사진작가에게 "너희들은 스스로 사진을 나보다 잘 찍는다고 생각하겠지만, 제대로 찍으면 너희들보다 잘 찍는다. 나는 일부러 어설프게 찍는 거다"라고 말했다고 한다. 그 말은 매우 설득력이 있다.

괴테가 "스승에 대해 배워라"라고 권한 가장 큰 이유는, 스승이 있어야 체계적으로 기초를 배울 수 있기 때문이다. 원근법도 모르고 그림을 그리면 잘 그리는 것처럼 보여도 결국은 이류에 그치게 된다.

자기만의 스승을 갖는다

독일의 바보들은 학식을 얻으려 하면 재능을 잃는다고 생각하지. 어떤 재능이라도 학식을 바탕으로 길러져야 하고, 학식을 통해 비로소 자신의 힘을 자유자재로 발휘할 수 있게 되는 건 줄도 모르고. 하지만 바보는 바보가 하는 대로 내버려두게. 바보에게는 약이 없다네.

인상파밖에 모르는 바보

이는 괴테가 독학을 칭찬하는 동시대인을 지적한 말이다. 아마도 문화 전체의 정체를 초래한다는 우려도 있었을 것이다.

나도 마찬가지로, 지금의 일본인들이 특히 문화에 대해서는 배우려 하지 않고 지나치게 아마추어적인 것을 좋아하는 경향에 불안을 느낀다. 자신이 이길 수 없는 압도적인 재능에는 손사래를 치고 아마추어적인 분위기에는 친근감을 느낀다는 취약성이 만연해 있기 때문이다.

앞에서 인상파의 이야기를 조금 언급했지만, 실제로 일본만큼 인상파의 전람회가 반복적으로 개최되어 고가에 거래되는 나라는 없다.

고흐의 '해바라기'에 대체하기 어려운 개성이 있는 것은 분명하지만, 과연 쇼와 62년(1987년)에 구 야스다 화재가 약 53억 엔에 낙찰되었다는 뉴스에는 전 세계가 놀랐다. 인상파는 미술사 전체에 비추어 보면 한때의 현상에 지나지 않은데, 일본 편집의 세계 미술 전집 등을 열면 인상파가 차지하는 비중이 매우 높다.

또한 얀 반 에이크는 철저한 리얼리즘으로 '성모자상와 요리스 반 데르팔레(Madonna met kanunnik Joris van der Paele)' 등을 남긴 플랑드르 화파의 화가다. 얀 반 에이크는 말도 안 되게 뛰어난 사실적인 그림을 그렸는데, 일본에서는 그보다 인상파 화가들이 더 유명하고 귀하게 여겨진다.

일본인이 인상파를 이토록 좋아하는 정신상태에는 괴테가 비판했던 것과 같은 어떤 종류의 취약함이 관계하고 있는지도 모른다.

재미만을 위한 재미는 치명적이다

일본인의 연약함은 문학 세계에서도 볼 수 있다. 서툰 걸 칭찬하고 정통적인 걸 배우는 것은 꼴사납다는 사회적 분위기가 오래 지속되다 보니 성숙한 문장, 이른바 명문 텍스트도 사라지고 있다.

예를 들어 초중학교 아이들의 국어 교과서에는 지금 모리 오가이의 소설이 없고 나쓰메 소세키도 점점 사라지고 있다. 대신 현대 작가의 작품을 넣자는 것 같지만, 현대 작가의 작품도 몇 년마다 바뀌어 버려서 지금은 세대를 초월한 공통의 텍스트를 가질 수 없다.

원래 그림을 말할 때도 음악을 말할 때도 이른바 거장을 중심으로 말하면 가치 인식을 공유할 수 있다. 하지만 모차르트에 대해 어떻게 생각하는지, 세잔에 대해 어떻게 생각하는지 의견을 교환하는 자리에서 공유할 수 있는 텍스트가 없다면 문화적으로 치명적이다. 왜냐하면 각각이 제각각의 지식을 가지고 서로 이야기하게 되고 서로의 심미안을 단련하는 기회를 잃어버리기 때문이다.

문학으로 말하자면, 예를 들어 작가 고다 로한이나 히구치 이치요의 일본어는 무척 수준이 높다. 그런 명문을 대단하다고 생각할 수 있는 감성을 공통 기반으로 삼지 않으면 일본어에 대한 깊은 이해를 기를 수 없다.

양질의 고전을 구식이라고 배제하려는 사람이 있는 건 개인의 자유지만, 현대 작품이라는 이유로 불면 날아갈 것 같은 작품을 교과서로 만드는 나약함이 사회 전체에 급속하게 파고들고 있는 사실이 두렵다. 그 결과 지금은 오가이의 『무희(舞姬)』를 보여줘도 '읽지 못하는' 고등학생이 있다.

재미있기만 하면 된다, 새롭기만 하면 된다는 경향은 애초에 매스미디어의 세계에 있던 것이다. 그러던 것이 지금은 문화나 교육의 현장에까지 침투하여 주류가 되어버렸다. '요즘 아이들의 감각에 맞는 작품을'이란 명목으로 새로운 것만 골라내다 보니 절대적 기량을 가진 작품과 그렇지 않은 작품을 구분하는 눈이 없어지고 말았다.

수준 높은 것을 존중하라

수학의 세계에서는 거장에 대한 일종의 존경심을 잃는 일이 거의 없다. 예를 들어, 미분법은 라이프니츠가 발명한 것으로 유명하고, 뉴턴은 우주의 역학을 설명하기 위해 라이프니츠와 독립적으로 미분과 적분의 수학을 만들었다.

이는 천재만이 할 수 있는 일이지만 고등학생이라도 미적분을 공부하면 안다. 미분이라면 변화율을 알 수 있고, 적분이라면 예를 들어 회전하는 복잡한 입체의 부피를 계산할 수 있다. 이는 상당히 재미있는 일이라서 보통 지적 감성이 있으면 흥분된다.

즉, 수학이라는 세계에는 뉴턴이 발견한 훌륭한 지혜를 우리가 배우고 기뻐할 수 있는 시스템이 있다.

그러나 수학처럼 답이 명쾌하지 않고 개성이란 것이 관련된 장르에서는 그런 당연한 지적 순환이 의외로 경시되고 있다. 그러면 진화하고 있는지조차 의심하게 된다. 음악 분야 등이 특히 그러하다.

후루사와 이와오라는 바이올리니스트가 있다. 20세기 최고의 바이올리니스트 중 한 명인 야샤 하이페츠에게도 사사했을 정도로 명연주가다. 나는 후루사와의 연주를 들으러 간 적이 있다. 일본인 중에서도 손꼽히는 실력이라고 생각했지만, 그의 지명도는 일본인 사이에서 그리 높지 않다.

일본에서는 고토 미도리 같은 예를 제외하면 클래식 세계에서는 유감스럽게도 기량의 높이가 지명도와 정당하게 연결되는 경우가 드물다. 테크닉 면에서는 압도적으로 뒤떨어지는 어중간한 팝스 밴드 쪽이 인기를 끌며 큰 시장을 형성하고 있다.

피나는 노력을 한 사람들, 객관적으로 수준 높은 기술을 가진 사람들을 존경하는 분위기가 사라지면 그것을 목표로 하는 사람이 점점 적어지고, 그것이 더욱 쇠퇴를 부른다.

학교라는 시스템을 잘 활용하라

대체로 압도적인 재능을 경애하는 것은 중요하다. 하지만 대가에게 배우는 것에 단점이 있다면 스승과 제자의 관계가 가까울수록 헤어지기 어렵다는 점이다. 예술 분야도 예전에는 어느 한 문파에 들어가면 빠져나오기가 참 힘들었다.

예를 들어 노(能, 중세에 탄생한 시가와 춤을 동반한 연극을 가리키며 보통 탈을 쓰고 연기한다-역주)의 세계에는 간제류, 호쇼류 등 여러 유파가 있는데, 일단 입문하고 나서 '다른 유파였으면 좋겠다'고 생각하는 것 자체가 더 이상 '노답지 않은 듯하다. 이것은 어느 노 선생에게서 들은 이야기인데, 그 유파의 문을 두드린 것 자체가 운명이라는 것이다.

만약 내가 그 유파의 집안에서 태어났다면, 그 유파가 뛰어나느 니 뛰어나지 않느니 비교는 하지 않을 것이다. 그와 마찬가지로 문 하에 발을 들여놓는 사람도 그런 각오가 없으면 배울 수 없다고 생 각하는 것이다. 그런 점에서 학교는 사제 관계의 거리감을 적절하게 유지하는 시스템이다. 우수한 사람에게 적당한 친밀감과 거리를 두 고 가르침을 받을 수 있는데, 이런 편리한 방법을 왜 활용하지 않겠 는가?

반면 학생들은 그 교사가 우수하지 않거나 자신과 맞지 않는다고 생각되면 즉시 배우는 걸 그만두면 되므로 수렁에 빠지는 일은 없 다. 반대로 가까워지려고 마음먹으면 더욱 가까워질 수 있다.

사실 교사인 입장에서도 이 시스템은 마음이 편하다. 선택지가 하나이고 고를 기회도 한 번뿐이라면 선택의 여지가 거의 없지만, 자유롭게 선택할 수 있다면 가르치는 쪽에서도 학생들에게 너무 많 은 영향을 주거나 강요하지 않아도 되기 때문이다.

일반적으로 세간에서는 아이가 학원에 가는 것에 관해 아이의 자 유를 빼앗는다고 생각하는 것 같다. 보내는 부모 중에도 죄책감을 느끼는 부모가 있다. 어쩌면 본인의 경험상, 좋은 학원에 간 적이 없 는 부모는 그렇게 생각할지도 모른다. 하지만 내가 보기에 그것은 너 무나 개념적인 발상이며 현실과 어울리지 않는다.

학원에는 좋은 학원과 나쁜 학원, 혹은 좋은 선생님과 나쁜 선생님이 있을 뿐이고, 그것을 선택하기만 하면 되는 것이다. 학원 선생님은 일단 돈이라는 대가로 시장에 노출되어 있어서 긴장감이 있다. 좋은 선택을 하면 학교보다 선택의 폭이 넓은 만큼 좋은 선생님을 만날 가능성이 크고, 공부하는 의의나 의욕을 바꿀 수도 있다. 나는 실제로 그런 경험을 했다.

고등학생 때, 우연히 친구를 따라 학원에 가게 되었다. 나는 좋은 학생은 아니었지만 거기서 만난 나가시마 선생님이라는 수학 선생님에게 '수학이란 무엇인가'란 본질을 배웠다.

이는 지금도 영향을 받을 정도로 큰 것이다. "수학은 철저하게 아름다움을 추구하는 학문이다. 풀면 끝이 아니라 아름다운 해답을 내지 않으면 의미가 없다"는 선생님의 가르침 덕분에 나는 학교에서 배운 사람들과는 전혀 다른 수학적 사고방식을 갖고 있다.

예를 들어 선생님은 우리 학생들의 공책을 보고 "끄응" 하고 앓는 소리를 냈는데, "아이고, 못봐주겠네, 아름답지가 않아"하며 진심으로 힘들어했다. 그리고 "애들아, 이렇게 풀면 어때?" 하고 모범 답안을 보여주었는데, 그러면 그 자리에서 모두가 "와, 아름다워"하고 한숨을 내쉬었다. 수학자의 미의식, 욕망을 나는 그 학원 선생님에게서 배웠다.

수준이 높은 대가를 만날 수 있다면 돈을 지불할 가치가 있다. 죄책감을 가질 필요는 없다.

주변에서 소재 찾기

나는 교과서가 매력적이었으면 좋겠어. 단, 지식과 학문의 밝고 명랑하며 접근하기 쉬운 면을 보여줄 때만 매력적으로 보였으면 하네.

감정을 자극하는 소재란

학생 시절을 떠올려보라. 매력적인 교과서를 본 적이 있다고 말하는 사람이 거의 없을 것이다. 지금 일반적으로 '교과서'라 하는 것은 따분한 것으로 인식되고 있다. 여기에는 새로운 의미를 발견하려는 의욕도 없고, 그것을 읽고 흥분하는 기쁨도 없다. 오히려 의욕을 꺾는 것으로 간주한다.

그러나 괴테의 말처럼 교과서는 본래 사람의 마음을 움직이는 매력적이어야 한다. '저자가 무엇인가를 알고 있었다는 사실을 사람들에게 알리기 위해서' 쓰인 책이라면 읽는 쪽이 매력을 느낄 리 없다. 교과서는 그 안에 있는 지식을 사람들에게 가르치기 위해 있는 것이므로 가장 흥미를 끄는 것이어야 한다.

교과서를 다른 말로 텍스트라고도 하는데, 텍스트란 그 안에서 의미를 끌어내는 소재이므로 텍스트란 흥미와 관심이 환기되는 소재라고 생각하면 새로운 전개가 일어난다.

예를 들어 어떤 책을 중심으로 한 시간 동안 시간을 보내려고 할 때, 지루한 교과서를 학생들에게 건네주고 "자자,"하고 논의를 촉구해봤자 분위기는 가라앉을 뿐이다.

하지만 여기서 두 장의 사진을 나란히 놓고 "이 두 사진의 차이점은 무엇입니까?"라고 문제를 내보면 어떨까? 내 경험에 비춰보면, 학생들의 대화가 활발해지고 확실히 분위기가 고조된다는 것을 알 수 있다.

왜냐하면 그 사진은 그때 의미를 찾기 위한 '소재(텍스트)'가 됐기 때문이다.

소재가 없는 상태에서는 생각하기 어렵다. 하지만 의미를 발견하는 데 텍스트가 꼭 문자로 쓰여 있을 필요는 없다. 텍스트가 문자로 쓰여 있지 않아도 의미는 발견할 수 있다. 이 경우에는 두 장의 사진을 통해 의미 있는 곳을 공유할 수 있었다. 가장 좋은 텍스트는 이렇게 참가자에게 발견하는 즐거움을 남겨두는 것이다.

텍스트를 준비하는 과정에도 비교할 대상이 두 가지 있으면 틀림이 없다. 하나의 소재를 보여주고 "이 소재의 재미있는 점은 무엇인가?"라고 물었을 때 대답할 수 있는 사람은 상당히 지식과 센스가 풍부한 사람이다. 토기에 대해 이야기하는 경우에도 조몬 토기와 야요이 토기 두 가지를 나란히 보여주면, 만약 막연한 지식밖에 가지고 있지 않은 사람들끼리도 토기에 대해 상당히 명확하게 논의할 수 있다.

대화를 이끌어가는 힘

즉, 뭔가를 가르칠 때 준비해야 하는 것은 '소재'다. 사람들과 대화할 때도 소재가 풍부하면 그 사람을 즐겁게 할 수 있다.

그래서 나는 소재를 찾는 습관을 들였다. 소재는 일상에서 얼마든지 찾을 수 있는데 '이걸 주제로 이야기하면 재미있겠다'고 찜해놓는 것도 빼놓을 수 없다.

예를 들어 영화를 보고 있어도 '이 10분 동안은 소재로 쓸 수 있을까?' 하고 생각하면서 보는가 하면 '이걸 보여줬을 때 어떤 질문을 하면 분위기가 살아날까?'까지 생각해둔다. 어떤 영화의 장면을 보여주고 나서 "주인공은 여기서 뭐라고 했을까요?", "다음에 여주인공은 어떤 행동을 할까요?"라고 묻는 것이 내가 자주 쓰는 수법이다.

그렇다면 질문을 포함하는 장면을 선택하는 것이 중요하다. 질문을 제시하고 한바탕 토론 후에 영화를 계속 보여주면 거기에 답이 있다. 단, 잠시 생각할 시간을 가짐으로써 각자가 시간을 즐길 수 있다.

그러면 담담하게 줄거리만 들을 때와는 다르게 충실감이 남는다.

이런 '대화를 이끄는 힘'은 나처럼 교사라는 입장인 사람에게만 요구되는 것이 아니다.

예를 들어 회의나 프레젠테이션에서도 보고서나 기획서를 돌려 읽고 설명을 듣기만 하면 너무 지루하다. 그런데 여기에 '소재'라는 개념을 도입하면 회의에 능동적인 움직임이 나타난다. 회의에 참석한 사람들이 참여할 수 있는 소재를 제공하면, 선명한 이미지가 머릿속에 떠올라 보다 활발한 논의가 이루어질 것이다.

이를테면 회의에서 프로젝트의 전략을 논의하는 경우, 소재를 사용하는 방안에는 세 가지가 있을 수 있다. 첫 번째는 시나리오 토의로, 프로젝트 진행 중에 발생할 수 있는 여러 상황을 시뮬레이션하고, 팀원들이 그에 대한 대응 방안을 토론하는 시간을 가지는 것이다. 이는 현실적인 문제 해결 능력을 강화하고, 팀워크가 향상할 수 있다.

두 번째는 비전 및 목표를 설정하는 것인데, 팀이 달성하고자 하는 목표를 시각적으로 나타내고, 각자가 어떻게 그 목표를 이룰 수 있는지에 대해 생각하고 발표한다. 이는 팀의 목표에 대한 공감대를 형성하고, 개인의 역할을 명확히 하는 데 도움을 줄 수 있다.

세 번째로는 데이터를 그림과 차트 등으로 시각적인 정보로 나타내어 팀원들이 더 잘 이해하고, 데이터에 기반한 의사 결정을 내릴 수 있다. 매출 성장 예측을 그래프로 보여주고, 그에 따른 전략을 토론하는 식이다.

이러한 소재들은 회의에 참여하는 사람들이 적극적으로 참여할 기회를 제공하며, 단순한 정보 전달을 넘어서서 창의적인 아이디어를 도출하고 문제 해결 능력을 향상하는 데 기여할 수 있다.

인생의 자본을
만들어 나가는 일

중요한 건 결코 없어지거나 사라지지 않을 자본을 만드는 거

야.

최선을 다해라

이는 인생의 큰 주제다.

최고의 작품을 알라고 조언한 것처럼, 가장 좋은 걸 배워놓으면 그것이 평생의 자본이 되어 자신을 풍요롭게 한다. 이것이 괴테의 일관된 주장이며, 배우려면 시간이 좀 걸리기는 하지만 젊을 때, 에너지가 있을 때 온 힘을 다해 몸에 익혀두면 평생이 편안하다고 말한다.

어떤 공부를 해야 하는지 묻는 에커만에게 괴테는 "자네는 고대 언어를 배울 기회를 청년 시절에 대부분 잃어버렸으니까"라고 말한다. 지금부터 고대 언어를 자본으로 삼는 것은 무리라고 분명하게 조언하고 있다.

괴테 자신은 열 살 무렵에는 그리스어를 할 줄 알았고, 다음에는 히브리어를 마스터했고, 영어도 읽을 줄 알았으며, 이탈리아어도 번역할 수 있는 멀티플레이어였으나 에커만은 그 시점에서 독일어밖에 할 줄 몰랐다.

그러자 괴테는 "지금 할 수 있는 범위 내에서 자네에게 큰 재산이 될 만한 건 영국 문학일세. 그러니 영어를 제대로 배우고 영국 문학을 연구하게"라고 가르쳐준다.

"영국 문학은 가장 수준이 높아. 우리 독일인의 문학도 대개는 영국 문학에서 비롯됐다네. 바이런이나 월터 스콧, 셰익스피어 같은 최고의 작품을 내 것으로 만들면 그건 결코 없어지거나 사라지지 않지"라고 말했다.

나도 처음 이 말을 알았을 때, "이봐, 그런 의미 있는 말은 빨리 말해줘야지"라고 200년 전에 말했던 괴테에게 대들고 싶어졌다.

우리는 자주 "최선을 다하라"라는 충고를 듣지만, 이는 단순히 노력하는 것 이상의 의미를 내포한다. 최선을 다하는 것은 용기를 가지고 도전하는 것과, 실패를 두려워하지 않는 것을 의미한다. 또한 자신의 장점과 역량을 이해하고, 그것을 삶과 일에 최대한 활용하는 것도 포함된다.

최선을 다하는 사람들은 일을 하면서 계속해서 성장하고 발전한다. 그들은 어려움을 극복하며 장애물을 넘어서며, 새로운 도전에 대해 준비하기 위해 노력한다. 또한 자신의 목표를 명확히 하고, 그 목표를 달성하기 위한 전략을 계획하며 실행한다.

최선을 다하는 것은 또한 타인에 대한 존중과 협력이 필요하다. 다른 사람들과의 소통과 협업을 통해 더 큰 성과를 이루기 위해 노력하며, 서로를 도와가며 성장하는 과정에서 더욱 의미 있는 성취를 이룬다

나에게 주어진 막대한 유산

"이 세상에서 깜짝 놀랄만한 획기적인 일을 하려면 알다시피 두 가지가 중요하다. 첫째, 머리가 좋을 것과 둘째, 막대한 유산을 물려받을 것이다"라고 괴테가 말했다.

'막대한 유산'이란 꼭 금전적인 것을 말하는 게 아니다. 예를 들어, 독일인이 영국 문학을 자기 것으로 만들었다면 이는 영국 문학의 가치를 계승한 것이 된다. 그러면 그것이 위대한 유산이자 자본이 되어 훌륭한 일을 할 수 있게 된다는 것이다.

괴테는 나폴레옹은 프랑스혁명을, 루터는 성직자들의 어리석음을 각각 물려받았다고 하는데, 이 유산이라는 생각 자체가 재미있다.

분명히 나폴레옹은 프랑스혁명을 유산으로 계승하여 황제가 됐다. 프랑스혁명이 황제를 세우려고 일어난 건 아니지만 결과적으로 그렇게 됐다. 즉, 어리석음이나 오류 같은 잘못조차 유산으로 물려

받을 수 있다는 뜻이니 이는 곧 자신은 무엇을 물려받을 것인가 하는 의식이 문제란 소리다.

뭔가를 계승하는 데 있어 자신은 어떤 계보에 속하는가를 생각해야 한다. 나는 이것을 '계보 의식'이라고 하는데, '계보 의식'은 본인이 마음대로 만들어도 상관없다. 혈통의 뿌리조차 후지와라 씨니 간무 천황이니 이래저래 멋대로 만들고 있으니, 정신적인 계보도 스스로 선언해 버리면 그만이다.

멋대로 도 닦기

또 책을 읽는다는 것은 멋대로 도를 닦는 것과 같다.

평소에 말끝마다 괴테의 말을 인용할 수 있게 되면 이는 괴테란 유산을 이어받은 것이 된다. 괴테 정도의 유산을 물려받았다면 꽤 큰 걸 받은 기분이다. 실러도 괜찮지만, 역시 괴테 쪽이 유산으로 봤을 때 더 큰 것 같다. 나와 괴테의 관계는 혈연관계도 아무것도 아니지만, 그의 말이 이만큼 피와 살로 되어 있으면 이미 피가 이어진 것처럼 느껴진다.

그 밖에 셰익스피어나 도스토옙스키, 미야자와 겐지 등도 큰 유산이자 자본이다.

미야자와 겐지의 경우 좋아하는 사람도 많아서 좋아하면 진입하기 쉽다고 할 수 있을 것이다. 하지만 실제로 물려받는 게 엄청나게 많다. 나도 미야자와 겐지를 주제로 책을 썼을 때 전집을 샅샅이 읽었는데, 그때 '아, 이걸로 언제든 겐지를 꺼내 쓸 수 있겠다'고 생각했다.

책이나 논문, 졸업논문을 쓸 때도 쉽게 써진다고 해서 작은 주제나 이류 작가의 작품을 고르면 그것은 자신의 자본이 될 수 없다.

예를 들어 나쓰메 소세키에 관한 졸업논문은 매년 방대한 수가 나온다. 그래도 소세키를 주제로 해보라고 추천하는 선생님이 많은 이유는, 연구해도 고갈되지 않을 스케일을 소세키가 갖추고 있기 때문이다. 소세키를 연구하다 보면 그것은 반드시 자신의 자본이 된다. 동경하는 사람을 철저하게 공부하면 그 사람을 자본으로 만들 수 있는 것이다.

지성의 자본은 스스로 에너지를 소비해서 만드는 것이다. 그만큼 시시한 게 아닌 가장 좋은 것에 집중하라고 괴테는 말한다.

경험도 자본이 된다

물론 일반 사람들은 평소에 '자본'이라는 것을 별로 의식하지 않을지도 모른다. 하지만 경영자는 자신의 자본이 무엇이냐는 질문을 받을 것이다. 예를 들어 어디에 소속되었는지에 대한 경험이 자신의 자본이 되기도 한다. 유학도 그중 하나다.

아방가르드 예술가 오카모토 다로도 파리에서 생활한 것이 역시 그의 자본의 하나가 됐다. 파리의 공기를 아는 일본인과 모르는 일본인은 차이가 있다.

일본에 있으면 절대로 포착할 수 없는 것도 그 풍토의 공기를 들이마시면 얻을 수 있다. 파리란 도시는 원래 예술가에게 자본이 될 수 있는 땅이다. 그래서 후지타 츠구하루나 사에키 유조 등 많은 일본인 예술가가 파리를 목표로 삼았다.

안도 다다오도 젊었을 때 줄곧 방랑했는데 그것이 쌓이고 쌓여 지금 그의 자본이 되었다. 젊었을 때 에너지를 써서 자신의 자본을 만들었던 것이다.

자본은 젊은 시절의 에너지에서만 나오는 건 아니다. 마흔 살이 되면 마흔 살의 에너지가 있는 법이다. 마흔 살이 됐을 때 무언가를 시작하려고 하면 나이 마흔에 견습생이 되기도 한다.

만일 마흔 살부터 시작한다면 예순 살이 되었을 때 벌써 이십 년은 지났을 것이고, 그러면 그것은 이제 소진되지 않을 자본이 되어 있을 것이다.

내 친구 중에도 30대부터 꽃꽂이를 배우러 다니는 남자가 있다. 현재는 사업가로 활약하고 있지만 50세, 60세가 되면 꽃꽂이 강사가 될 생각이다.

자신이 하려고 하는 일이 바닥이 얕지 않고 깊은 것이라면 평생 자신을 윤택하게 해준다. 그런 근원을 발견해야 한다. 앞에서 소개한 노 같은 건 나이가 들면서 좋은 점을 알게 되는 것 중 하나일 것이다.

'이건 심오한 세계라서 아무리 해도 질리지 않는다'고 말할 수 있는 것과 역시 질리는 게 있다. 자본을 만들 때는 싫증 나지 않는 심오한 세계에 익숙해져야만 한다.

"

| 3장 |

만남

"

사랑으로만 가능한 배움

사람은 자기가 사랑하는 사람에게서만 배울 수 있네.

스타일이 비슷한 사람과 사랑에 빠져라

"사람은 사랑하는 대상에게서만 배울 수 있다." 괴테의 이 말을 들으면, 마음이 편해지는 면이 있다. 일상생활에서는 마음이 맞지 않는 사람과도 어울려야 하지만, 진짜 중요한 걸 배우려면 열정이 솟아나는 상대가 아니면 어렵다고 괴테는 말한다. 그래서 자신이 사랑할 수 있는 사람을 만들어야 한다.

내가 생각하기에 사랑할 수 있는 사람은 자신과 스타일이 비슷한 사람이다. 자신이 사랑하는 것의 수준이 어떤가에 따라 다르겠지만, 사랑하는 것이 모방하기 쉬운 것, 모범이 되기 쉬운 것이라면 흡수도 빠르다. 하지만 아무리 대단해도 스타일이 전혀 다르면 애초에 손을 쓸 수도 없다.

배움과 사랑은 밀접하게 연결되어 있다고 공자도 말했다. 공자는 '아는 자는 좋아하는 자만 못하다'고 했지만, '좋아하는 자만 못하다'는 말은 그것을 사랑하는 자를 이길 수 없다는 뜻이다.

괴테는 "언제나 중요한 건 우리가 배우고자 하는 상대들이 우리의 본성에 걸맞은 사람들이란 것이다"라는 말에 이어 실러가 스페인 극작가 칼데론의 영향을 받지 않은 것이 다행이었다고 말한다.

칼데론은 독일 낭만파에게 매우 지지를 받은 극작가이지만, 그가 독일에서 일반에 널리 알려지게 된 것은 실러의 사후이다. 하지만 만약 실러가 살아 있는 동안 칼데론이 있었다면, 실러는 틀림없이 그를 경애하고 영향을 받아 자신의 장점을 어느 정도 잃어버렸을 것이라고 말한다.

배울 사람을 착각하지 마라

괴테의 관점에 따르면 '성질이 잘 맞는 사람'이란, 그 사람의 사상이나 주장이 몸에 쏙 흡수되는 것처럼 궁합의 좋다고 느껴지는 사람이다. 괴테는 인간은 자신이 경애할 수 있고 자신의 개성과 닮은 점이 있는 사람에게만 좋은 영향을 받을 수 있다고 확신했다. 그러한 자신의 성격에 잘 맞는 상대와 왠지 맞지 않지만 끌리는 상대를 구별해야만 했다.

연애를 할 때도, 젊었을 때는 '지금 생각하면 내가 왜 성격에도 맞지 않는 그런 사람을 좋아하게 되었을까'란 생각이 들지만 나이가 들면서부터는 자신에게 맞는 사람이 어떤 타입인지 알게 된다.

실제로 인간이든 사상이든 자신의 성질과 너무나 다른 것은 아무리 위대하고 매력적일지라도 깊이 어울리지 않아야 실패가 없다.

즉 여기서 괴테가 말하는 것은, 배우려는 상대를 착각하지 말라는 것이다.

고르고 골라서 편애하라

들자 하니 피아노로 대학원에 진학하는 음대생은 역시 자신이 좋아하는 타입의 작곡가가 있다고 한다. 슈만이면 슈만, 쇼팽이면 쇼팽, 특정 작곡가에게 빠져드는 모양이다.

호로비츠는 스카를라티의 곡을 즐겨 연주했다. 스카를라티는 명상적인 분위기의 짧은 곡을 많이 만든 작곡가이지만, 보통의 피아니스트는 호로비츠만큼 그의 곡을 연주하지 않는다. 하지만 호로비츠에게 스카를라티는 상당히 중요하고 편애하는 작곡가였던 것 같다. 글렌 굴드라면 바흐, 두 번이나 녹음한 골드베르크 변주곡에 해당할 것이다.

편애하는 세계가 있으면 그것이 자신을 연마하는 숫돌처럼 되기도 하고 편애하는 것으로부터 막대한 것을 받을 수 있다. 이것저것 골고루 좋아할 때보다 이거다, 하는 것에서 배우는 게 많을 것이다.

아마도 피아노 같은 경우에는 연주자의 성질이나 성품, 혹은 기량이나 목표 등에 따라 편애의 대상이 자연스럽게 정해질지도 모르지만, 괴테는 '그것을 의식적으로 잘 선택하라'라고 말하는 것 같다.

"레싱이든 빙켈만이든 칸트든 모두 나보다 나이가 많고, 앞의 두 사람에게서는 청년 시절, 다른 한 사람에게서는 노년 시절의 영향을 받을 수 있었던 것은 나에게는 매우 고마운 일이었다."

이처럼, 괴테는 또 만약에 자신과 미의식이나 감성, 혹은 인생을 대하는 방법 등 감각이 다른 사람에게서 뭔가를 얻고자 한다면 배워야 할 시기가 있다고 말한다. 괴테가 청년기에 칸트를 만났더라면 과연 어떻게 됐을까?

아마 괴테가 청년기에 칸트를 만났다면, 그의 철학적 사유와 인생관은 더욱 깊고 넓게 확장되었을 것이다. 칸트의 이성 중심적이고 체계적인 사고방식은 괴테의 예술적이고 직관적인 성향과 조화를 이루며, 괴테가 더욱 균형 잡힌 시각을 갖추는 데 기여했을 것이다. 칸트의 윤리학과 인식론은 괴테에게 새로운 사유의 틀을 제공하고, 그의 문학 작품에 더 깊은 철학적 의미를 부여했을 것이다.

또한, 괴테의 창작 활동에도 큰 영향을 미쳤을 가능성이 크다. 칸트의 철학은 괴테가 하여금 인간 존재와 도덕적 가치에 대해 보다 깊이 있는 질문을 던지게 했을 것이고, 이는 그의 작품에 반영되었을 것이다.

예를 들어, 괴테의 소설과 시에서 등장하는 인물들이 더 복잡하고 다층적인 성격을 가지게 되었을 것이며, 그들의 내면적 갈등과 도덕적 선택이 더 철학적으로 탐구되었을 것이다.

하지만, 괴테가 칸트를 청년기에 만난다는 것은 단순히 철학적 영향을 받는 것 이상의 의미를 가진다. 이는 괴테가 일찍 자신의 한계를 인식하고, 이를 극복하기 위한 노력을 시작할 수 있는 계기가 되었을 것이다. 칸트와의 만남은 괴테가 자신의 재능을 더욱 철저하게 계발하고, 자신의 목표를 보다 명확히 설정하는 데 도움을 주었을 것이다.

풍부한 것과 거리를 둔다

셰익스피어는 너무 풍부하고 너무 강렬해. 창조를 하고 싶은 사람은 셰익스피어의 작품을 1년에 한 편씩만 읽는 것이 좋아.

동경하는 대상과 적당한 거리를 유지하라

뛰어난 존재와의 거리감을 어떻게 유지할 것인가를 보통은 별로 생각하지 않을지 모른다. 자신이 동경하는 대단한 재능을 가진 사람이 있다고 하자. 동경하는 존재다 보니 그에게 더 가까이 가고 싶다. 하지만 실제로 가까이 있으면 그 사람과 자신의 차이가 너무 커서 도저히 따라잡을 수 없다고 포기하는 경우도 있다.

괴테는 그걸 알고 있어 셰익스피어와 같은 위대한 재능과 접하는 건 "일 년에 한 번"이란 표현으로 "적당히 하라"고 말하는 것이다.

몰리에르에 관해서는 "몰리에르는 정말 대단해서 나도 가끔 읽는다"라고 말했다. 몰리에르의 경우에는 가끔 읽어도 좋다, 셰익스피어의 경우에는 너무 많이 읽지 말라는 충고가 괴테답다는 생각이 든다.

예를 들어, 육상 경기에서 자신의 발전을 위해서는 어떤 선수와 달려야 좋을지 생각해보면 좋다. 자신보다 조금 빠른 사람과 함께하면 기록이 향상된다는 말도 있지만, 그것은 실력이 막상막하일 때의 이야기다. 압도적으로 힘의 차이가 나는 스에츠구 싱고 선수 옆에서 뛰면 순식간에 의욕을 잃을 것처럼 말이다.

하지만 텔레비전이나 경기장에서 그가 달리는 모습을 보면 그 멋진 모습에 감동을 받아 자신도 달리고 싶어질 것이다. 중학생이나 고등학생이라면 '더 빨리 달려야지' 하는 마음을 가질지도 모른다. 동경을 동경하는 것은 중요하다. 요컨대, '동경하는 별'과 거리를 두라는 말이다.

지배받지 않는 거리란

어떤 사람의 개성이 풍부하고 강렬하면 그 사람을 동경하고 모여드는 사람이 생기지만, 지나치게 영향을 받으면 그 주변 사람들은 독창성을 잃는다.

앤디 워홀이 좋은 예다. 그의 작업실 '팩토리'에 모여드는 어중이떠중이는 끊이지 않았다. 그러나 그 공장에 드나들던 당대의 예술가들은 나름대로 이름이 있어도 후세에는 워홀의 친구나 매니저라는 형태로 소개되고 만다. 만약 워홀 팩토리에 가까이하지 않았다면 다른 형태로 꽃을 피운 사람도 있었을지 모른다. 하지만 그의 곁에 있는 것을 선택한 탓에 그 일파나 제자 이상으로 빛나지 못했다.

압도적인 재능 앞에서는 모든 걸 던져버리고 싶은 충동에 사로잡힌다. 다니가와 슌타로를 만나면 시를 쓰는 것을 그만두고 싶어진다거나 데라야마 슈지를 만나 단가를 만들지 못하게 되거나 하는 것이다.

고만고만한 재능이 있어도 그런 이유로 자신의 길을 포기하는 것은 슬픈 일이다. 강렬한 자극을 받아도 지배당하지 않을 정도의 거리를 유지해야 한다.

셰익스피어도 읽는 사람의 감성이 예민하지 않으면 별다른 폐해는 없다. '읽어서 재미있었다'는 감상으로 끝이다. 하지만 괴테는 만드는 관점에서 보았고, 그 정도 감성으로 책을 읽었다는 뜻이리라. 책을 읽는 게 괴테에게는 진지한 승부였다.

"우리처럼 무엇인가가 어떻게 만들어졌는지에 특별한 관심을 기울이는 사람은 그의 작품에 이중의 관심을 갖고, 또 거기에서 훌륭한 수확을 얻는다."

괴테는 창작물을 접했을 때 어떻게 만들어졌는지, 그 과정까지 염두에 두고 마주하라고 권한다.

같은 시대, 같은 일을 하는
사람에게 배울 점은 없다

태어날 때부터 같은 시대, 같은 직업을 가진 사람에게서 배울 필요는 없어. 수 세기 동안 변함없는 가치, 변함없는 명성을 유지해 온 작품을 가진 과거의 위대한 인물에게서 배워야지. 이런 말을 하지 않아도, 실제로 뛰어난 재능을 가진 사람이라면 마음속으로 그 필요성을 느낄 것이고, 반대로 위대한 선인과 만나고 싶다는 욕구야말로 고도의 소질이 있다는 증거일세. 몰리에르에게 배울 수도 있고 셰익스피어에게 배울 수도 있겠지. 하지만 무엇보다도 먼저 고대 그리스인들에게, 그리고 그리스인들에게 배워야 하네.

다른 시대, 다른 업종이야말로 자극의 보고

다른 시대, 다른 업종이야말로 자극의 보고이다. 예술의 경우는 특히 그러하겠고 일반적인 비즈니스에서도 마찬가지다.

같은 업종에 있는 사람들도 비슷한 생각을 하는 경우가 많아서 참신한 아이디어의 원천이 되지 않는다. 그보다는 다양한 아이디어가 서로 부딪치고 활성화되어 있는 다른 업종에서 힌트를 찾는 편이 빠르다고 생각한다.

같은 시대가 아니라 과거의 성공에서 배우는 것도 아이디어를 낳는 비결 중 하나일지 모른다. 좋은 소재는 반드시 주기를 두고 다시 찾아온다고 한다. 예를 들어 '학원물' 붐은 몇 년에 한 번씩 돌아온다. 이것은 연예기획사 호리프로 사장의 자서전에 쓰여 있던 내용인데, 자신은 후나키 가즈오가 뜨는 걸 맞춰서, 다음은 모리 마사코가 뜨겠다고 생각했고 실제로 명중시킬 수 있었다고 말하고 있다.

괴테가 위대한 선인에게 배워야 한다고 말했듯이, 이전 시대의 작품을 바탕으로 성공한 예는 꽤 많다. 이를테면 다자이 오사무의 『달려라 메로스(走れメロス)』는 시인 실러의 『인질(die Bürgschaft)』란 시에서 따온 것으로 알려져 있으며, 다자이 본인도 '옛 전설과 실러의 시에서'라고 적어놓았다.

아쿠타가와 류노스케가 나쓰메 소세키에게 칭찬받은 『코(鼻)』나 『라쇼몬(羅生門)』 같은 작품도 원래는 설화집인 『곤자쿠모노가타리슈(今昔物語集)』에서 따온 것이다. 원형은 짧은 이야기지만 아쿠타가와가 여러 가지 상상력을 발휘해 몇 배의 길이로 엮은 것이다.

생각 자체에는 고대인의 사고방식이 살아 있고, 심리묘사 부분은 근대인의 심리를 자세히 파고드는데, 그 심리적 조리법이 너무도 독특해서 재미가 한층 더 풍부해졌다고 생각한다. 그런 면 또한 독창적이다. 고대와 근대의 교차점에서는 개인 내면으로부터 발생한 것만을 쓰는 것보다 훨씬 재미있다. 『코』에서는 '들어 올려 지탱해야 할 만큼 큰 코'라는 발상 자체가 비범하다.

『라쇼몬』에 나오는 죽은 사람을 노리는 도둑은 실화라서 설득력이 다르다. 다자이도 아쿠타가와도 동시대가 아닌 고대의 강력한 작품에서 배우는 것이다.

위대한 선인과 교류하다

건강한 힘을 가진 고대의 작품을 본으로 삼는 괴테의 입장을 본받아야 한다. 역사는 맛의 기준을 결정하는 장치이며, 진정한 맛을 이어가기 위해서는 역사적으로 확정된 아름다움에서 배워야 한다.

참고로 '위대한 선인과 만나고 싶다는 욕구'는 솔직함의 표시이기도 하다. 이 솔직함이 지적 욕구나 향상심을 키우는 토양이 되어 소질이라는 씨앗을 키운다.

예를 들어 이탈리아에는 도시 곳곳에 유적이 있어서인지 그게 자극이 된다. 정교한 수작업과 높은 디자인 구현성에서 지금도 이탈리아가 세계를 이끄는 것은 이와 무관하지 않을 것이다.

기반을 마련한 선조들은 이미 죽었지만 애초에 실제로 타인과 만날 필요는 없는 것이다. 상대가 죽었든 자신과 관계없는 사람이든 상관없다. 동시대에 동업자에게 영향을 받아 우왕좌왕하지 말고 위대한 선인이 남긴 것과 교류하는 것이 중요하다.

정리하면 동시대의 동업자에게 영향을 받게 될 때, 자기 창작물이나 아이디어가 타인의 스타일이나 사고방식에 의해 과도하게 좌우될 가능성이 크다고 할 수 있다. 이는 개인의 독창성을 저해하고, 차별화된 작품을 만들 수 없게 한다. 예를 들어 예술가나 창작자의 경우에는 고유한 시각과 스타일을 유지하는 것이 중요한데, 다른 사람

113

의 영향을 받다 보면 자신만의 독특함을 잃어버릴 수 있다.

자기 작품이나 아이디어가 타인의 영향을 덜 받는다면 결과물은 더 진정성이 있을 것이다. 자기 내면에서 비롯된 진실한 표현이기 때문이다. 동시대의 동업자들과의 경쟁은 자칫하면 불필요한 갈등과 스트레스를 초래하기도 한다. 반면에, 과거의 위대한 선인들에게서 배운다면, 이는 경쟁이 아닌 배움과 성장의 기회로 작용하게 되는 것이다.

과거의 위대한 선인들의 작품은 이미 역사적으로 검증된 아름다움과 가치를 지니고 있다. 이를 통해 배움의 기회를 얻는 것은 선인들의 성공과 실패를 통해 얻은 교훈을 현대에 적용하는 것이다.

또한 동시대의 동업자와의 비교는 주관적이고 일시적일 수 있다. 그러나 역사적으로 확립된 기준을 통해 배우는 것은 더 객관적이고 보편적인 기준을 확립하는 데 도움이 된다.

건강한 힘을 가진 고대의 작품을 본으로
삼는 괴테의 입장을 본받아야 한다.
역사는 맛의 기준을 결정하는 장치이며,
진정한 맛을 이어가기 위해서는 역사적으로
확정된 아름다움에서 배워야 한다.

나와 다른 사람들과 어울려라

우리는 자신과 맞지 않는 사람들과 어울려야만 잘 살 수 있네. 그렇게 함으로써 우리 마음속에 있는 여러 가지 다른 측면들이 자극을 받아 발전하고 완성되고 결국 누구와 부딪쳐도 끄떡없게 되는 거지.

젊을 때는 사람들과 복작거리며 지내라

지금 젊은 세대는 애초에 누구와 사귄다는 감각이 희박한 것 같다. 일반적으로 생각하면 젊은 사람일수록 인간관계도 유연할 것 같지만 자세히 들여다보면, 요즘 젊은 세대는 자신과 같은 부류의 사람들과만 어울리고 다른 사람들과는 교류하지 않는 경향이 있다.

바로 얼마 전까지만 해도 아이들은 다른 연령 집단과도 어울리며 놀았다. 연령의 폭이 위아래로 넓어서 가령, 다섯 살 정도의 아이라도 열두세 살 정도의 아이와 놀았다. 나이가 다른 아이들 중에는 자기보다 강한 녀석도 있고, 골목대장도 있고, 그중에는 성미에 맞지 않는 녀석도 있었지만 그래도 복작거리며 놀았다.

예전에는 형제가 많았다는 것도 다른 연대를 받아들이는 데 거부감이 없었던 이유 중 하나다. 아키즈키 리쓰의 〈OL 진화론(OL進化論)〉이란 만화에서 만나기로 한 두 여성의 패션이 전혀 다른 장면이 있다. 그 모습을 본 주위 사람들이 이상하게 여기자 '아, 자매구나' 하고 이해하게 된다. 형제자매 이외에는, 패션이 전혀 다른 두 사람이 친구라는 이유로 쇼핑하러 가는 일도 없다고 한다. 중고생들 사이에서는 친구들끼리 패션이 굉장히 비슷하다. 머리 모양이나 신고 있는 신발, 눈썹을 미는 방법까지 그룹으로서의 통일감이 있다.

하지만 자매는 그런 공통점이 없어도 함께할 수 있다. 나는 삼 형제인데, 형제자매라는 환경이 정말 좋은 연습실에 있는 것 같았다. 가족이란 취향이 전혀 맞지 않더라도 한 지붕 아래서 살아야 하며, 형제가 많은 시대는 그것만으로도 인간성이 연마되는 것이다.

그런 훈련이 되어 있지 않아서인지 지금의 젊은 세대는 세상 돌아가는 이야기를 하거나 상황을 지켜보는 걸 어려워한다. 그 전에, 성격이 맞지 않는 사람이나 자신과 다른 부류의 사람을 만나는 일이 압도적으로 적은 것이리라.

물론 강연 등으로 오사카나 다른 도시에 가면 도쿄에 비해 좀 더 적극적으로 사람들과 관계를 맺으려는 힘이 느껴진다. 어느 정도는 지역성도 있을 수 있다.

또한 괴테가 한 말은 아니지만 '결혼은 수행이다'라는 말이 있다. 하지만 어쩌다 성격에 맞지 않는 사람과 결혼하는 경우가 있다. 이 말은, 인간으로서의 수행이라고 생각할 때 비로소 이해할 수 있는데, 성격에 맞지 않는 상대와 한 지붕 아래에서 생활하면 인격적으로 폭이 넓어져 누구와 부딪쳐도 끄떡없게 된다는 것이다.

'세상'과 잘 어울리는 훈련을

물론 어느 정도 나이가 들면 일부러 마음에 맞지 않는 사람과 사귀는 것은 귀찮아진다. 그래서 젊을 때 성격에 맞지 않는 사람과도 사귀면서 사회성을 길러야 한다. 예를 들어 마흔 살이 넘으면 마음이 맞는 사람과만 조용히 어울리며 살면 된다.

아르바이트 같은 일을 하다가 마음에 들지 않으면 쉽게 그만두면 된다고 생각한다. 또 같은 부류의 사람들과만 어울리다 보면 마음에 맞지 않는 사람과는 어울리지 못하는 사람이 되고 그렇게 사회성을 잃으면 세상이 점점 좁아진다. 그러므로 서른 살까지는 그런 훈련을 해둬야 한다.

다양한 사람들과의 교류는 우리의 시야를 넓히고 새로운 관점을 배우는 데 중요한 역할을 한다. 젊은 시절에 다양한 사람들과의 경험을 쌓아두면, 인생의 후반부에 더 깊이 있는 인간관계를 형성하고 유지하는 데 큰 도움이 된다. 서로 다른 배경과 성격을 가진 사람들과의 상호작용을 통해 우리는 타인을 이해하고 포용하는 능력을 키울 수 있다.

또한, 마음에 맞지 않는 사람들과의 관계를 통해 우리는 갈등 해결 능력과 협상 기술을 배우게 된다. 이는 개인의 성장뿐만 아니라 직업적 성공에도 큰 영향을 미친다. 업무 환경에서는 항상 마음에 맞는 사람들만 만날 수 없기 때문에, 다양한 사람들과 효과적으로 소통하고 협력하는 능력은 매우 중요하다.

더 나아가, 이러한 경험은 우리의 감정적 성숙을 돕는다. 다른 사람들과의 관계에서 생기는 갈등이나 어려움은 우리의 감정 관리 능력을 향상하고, 스트레스 상황에서도 차분하게 대처할 힘을 길러준다.

따라서 젊은 시절에 사회성을 기르는 훈련을 게을리해서는 안 된다. 다양한 사람들과의 교류를 통해 우리는 더 나은 사람이 되고, 더 넓은 세상을 경험할 수 있다. 이는 인생의 모든 단계에서 유익하며, 우리가 더 성숙하고 포용력 있는 사람이 되도록 도와준다.

해부학을 전공한 요로 다케시는 인간관계에 서툰 대신 곤충 채집을 좋아한다고 한다. 그래서 가능한 한 인간관계가 번거롭지 않은 일을 선택했다고 한다.

"하지만 벌레 전문가가 되려고 하면 바로 세상이 얼굴을 내밉니다. 전문가란 세상이 그렇게 인정하는 사람이니까, 결국 세상이 아니겠습니까?

요컨대 나는 세상 물정에 젬병이었어요. 벌레 그 자체와 사귀기 위해서는 세상과 어울리는 상식 같은 건 필요 없지만, 전문가가 되려면 그 나름대로 세상으로 들어가야 합니다. (중략) 저는 어떻게든 '혼자 살고 싶다'고 생각했지만 이 세상을 살려면 우선 '세상을 알아야 한다'는 것입니다.

그 세상을 어느 정도 '안다'는 생각을 하기까지 무려 예순이 넘었어요. 세상을 안다는 건 다시 말해 '세상에서 산다'는 거죠. 실제로 살아 보지 않고서는 세상을 알 수 없으니까요. 사이교(西行, 헤이안 시대 말기에서 가마쿠라 시대 초기에 살았던 일본의 무사이자 승려, 가인이다-역주)가 출가한 것도 어느 정도 세상을 살고 나서잖아요."(『운이 좋다(運のつき)』요로 다케시 지음)(국내 미출간)

세상과 잘 지내는 편이 개인으로 사는 데 편한 점도 있다는 것이다.

독서는 새로운 지인과의 만남

책은 새로운 지인과 같아. 처음에는 대체로 일치하고, 우리 존재의 어떤 주요한 측면에서 서로 친밀하게 접촉한다는 느낌을 받으면 그걸로 크게 만족하다가 좀 더 친해지면 그제야 차이가 뚜렷해지지. 그렇다면 합리적인 태도의 핵심은, 예를 들어 젊었을 때처럼 바로 뒷걸음치지 않고 일치점을 확실하게 확보하고, 그렇다고 온전히 일치하려고 하지 않고 차이를 확실히 자각하는 거라네.

차이를 만드는 독서

괴테가 여기서 말하는 것은 그다지 일반적인 독서법이 아닐지도 모른다. 처음에는 책에 쓰인 사상을 그대로 받아들여서 작가의 이론이나 생각에 물든다는 느낌이 든다. 그러나 시간이 흐르면서 그 의미를 이해하게 되면 그에 따라 자신과의 차이도 명확해진다. 다만 차이를 찾기 위해 독서를 하는 사람은 드물지도 모른다.

여성은 독서에 공감을 요구하는 경우가 많다고 들었다. 자신이 하고 싶은 말이 적혀 있는 책을 좋아한다. 또한 중년 남성도 책에 적힌 내용에 대해 '나는 예전부터 이렇게 생각했다'고 말하고 싶어 하는 경향이 있는 것 같다.

그렇다면 독서에서 원하는 건 책과의 만남을 통해 자신이 몰랐던 것을 알게 되는 기쁨이나 감동이 아니다. 독서를 통해 이미 자신 안에 있는 것을 재현하고, 확인하고, 책을 통해 자신을 긍정해주길 바라는 것이다.

독서에서 유연함을 되찾을 것

그런 독서가 좋은지 나쁜지는 제쳐두고, 실제로 책을 고를 때 자신의 취미에 맞는 책만 골라서 읽는 사람이 매우 많다.

자신의 취향에 맞는 책이란 마음에 전혀 저항감이 들지 않는 책이다. 예를 들어 후지사와 슈헤이에 한번 꽂히면 후지사와 슈헤이가 쓴 책은 아무런 저항 없이 마음속에 들어와서 거기에서 빠져나오려는 마음이 들지 않는다. 물론 독서는 오락이기도 하지만 자신이 읽는 범위가 한정되면 역시 세계가 넓어지지 않는다.

음악은 그런 경향이 더욱 두드러지게 나타난다. 젊었을 때 레코드로 즐겨 듣던 음악을 CD로 사서, 가지고 있는 CD의 대부분은 과거에 레코드로 가지고 있던 것이라는 사람이 의외로 많지 않은가. 나도 40대인 지금, 20대 때 좋아했던 음악을 반복해서 듣는 경향이 있다.

하지만 나는 책에 대해서는 방어적인 자세를 취하지 않으려 노력한다. 요즘에는 여성이 쓴 책을 많이 읽겠다는 목표를 갖고 책을 읽고 있다. 왜냐하면 나이 마흔에 이르러서야 여성이란 존재를 모르고는 살아갈 수 없다는 사실을 깨달았기 때문이다.

작가의 이름을 덮고 소설을 읽어도 여성의 묘사를 보면 남성 작가가 쓴 것인지 여성 작가가 쓴 것인지 쉽게 구별할 수 있다. 남성이 쓰는 여성상은 편향되어 있고 현실과 동떨어진 '남자의 환상'이 짙게 투영되어 있기 때문이다.

이른바 남자의 환상에 대해 남자인 나는 충분히 이해하고 있으며, 거기에 빠져 있으면 기분이 좋다. 그래서 남자가 쓴 글은 위화감 없이 읽을 수 있다.

반대로 여성이 쓴 글은 처음 읽을 때는 상당히 위화감이 들었지만, 읽기 어려웠던 초기의 느낌은, 차츰 익숙해지면서 매우 기분 좋은 저항감으로 바뀌며 마음을 자극했다.

그런 자극을 맛보기 위해서는 제130회 아쿠타가와상 수상작인 와타야 리사의 『발로 차 주고 싶은 등짝(蹴りたい背中)』, 가네하라 히토미의 『뱀에게 피어싱(蛇にピアス)』, 두 작품은 아저씨들에게 아주 좋은 발판이 될 것이다. 스무 살 소녀의 예리한 감성이 말로 제대로 표현되어 있다. 문자를 통해 '나에게 이런 감각은 전혀 없구나'라고 배울 수 있는 것이다.

참고로 나는 통증에 매우 약해서 『뱀에게 피어싱』쪽은 다른 의미에서 상당히 저항감이 들었지만 '귀나 코에 구멍을 뚫거나 문신을 하고 인체 개조를 하는 젊은이가 일본을 망친다'는 생각은 일단 옆으로 치워두고 읽어보는 것을 추천한다.

물론, 이러한 작품은 단순히 감각적인 충격을 주는 데 그치지 않는다. 이 작품 속에는 젊은 세대의 고뇌와 갈등, 그리고 그들이 겪는 사회적 압박이 생생하게 담겨 있다. 그들의 이야기를 통해 우리는 세대 간의 간극을 좁히고, 그들의 삶을 더 깊이 이해할 기회를 얻게 된다.

이러한 과정은 단지 새로운 경험을 받아들이는 것이 아니라, 자신의 가치관과 신념을 다시금 돌아보게 한다. 젊은 세대의 이야기를 읽으면서 우리는 그들의 시각에서 세상을 바라보게 되고, 그들이 겪는 문제와 갈등을 함께 고민하게 된다. 이는 우리의 사고를 확장하고 폭넓은 이해와 공감을 가능하게 한다.

결국 이는 새로운 시대를 살아가는 젊은이들과의 소통을 원활하게 하고, 더 나은 사회적 유대를 형성하는 데 기여할 수 있다.

이러한 점에서, 젊은 세대의 문학 작품은 우리에게 중요한 학습 도구가 될 수 있다. 단순히 그들의 문화를 이해하는 것을 넘어, 그들과의 공감대를 형성하고, 함께 성장해 나가는 길을 모색할 수 있게 해준다.

이렇게 자신의 영역이 아닌 책을 끝까지 읽으면 마음이 조금 넓어진다. 마음이란 나이가 들수록 좁아져서 지금까지 살아온 자신이나 가치관을 지키기 위해 위화감이 드는 것을 무조건 부정하고 물리친다. 이것은 지극히 정상적인 반응이지만, 이런 기회에 '평소라면 읽지 않을' 책을 읽으면 조금 위축된 마음의 근육도 다시 유연함을 되찾을 것이다.

실제로 혀가 뱀처럼 갈라져 있는 젊은이(『뱀에게 피어싱』의 주인공인 루이의 남자친구 아마를 가리킨다. 그는 혀에 피어싱을 해서 혀가 갈라진 모양을 하고 있다-역자)와 사귀는 건 힘들겠지만 독서를 통해 서로를 접할 수 있다는 점에서 독서는 새로운 지인을 얻는 것과 같다.

버릇을 존중하라

어떤 결점은 그 사람이 존재하는 데 꼭 필요하네. 오랜 친구
가 어떤 괴이한 버릇을 고쳤다고 하면 불쾌할 걸세.

괴이한 버릇에는 에너지가 있다

'친구가 어떤 괴이한 버릇을 고쳤다고 했을 때 불쾌했다'는 말은 좀 극단적인 표현일지도 모르지만, 그러한 버릇이 없어진 순간 왠지 모를 허전함을 느낄 것 같다.

예를 들어, 늘 말을 많이 하는 사람이 있는데, 만약 쓸데없는 말을 일절 하지 않는다면 듣는 사람은 뭔가 부족한 느낌이 들지 않을까?

사실 그 정도로 사람들은 버릇을 사랑한다. 버릇이 없는 사람들만 사는 세상에서는 모두가 비슷한 인간이 되고 마는 것이다. 사람들은 그런 평범함을 싫어하므로 그 사람의 결점이라는 걸 알면서도 의외로 그 버릇을 즐기고 있다.

최근 『도스토옙스키인 사람들(ドストエフスキーな人々)』이란 연재(주

간소설지 〈소설 신쵸〉)를 끝냈는데, 이 연재를 시작할 때의 콘셉트는 '버릇이 있는 사람을 사랑하고 싶다'는 것이었다.

도스토옙스키의 소설에는 특이한 사람들이 많이 등장하는데, 나는 그런 사람들에게 굉장히 매력을 느낀다.

버릇에도 좋은 버릇이 있고 나쁜 버릇이 있다고 생각하지만, 도스토옙스키 작품의 경우 '나쁘다'고 한데 묶기에는 너무 극단적인 성격의 소유자가 많다. 거만함, 비굴함, 거짓말쟁이, 수다스러움 등 여러 가지 버릇이 있어 소설 속에서 버릇끼리 부딪치고, 각각의 버릇이 더욱 드러나는 형태로 자리가 만들어진다.

버릇은 엄청난 에너지를 내포하고 있는데, 버릇과 버릇이 부딪치면 말하자면 격렬하게 에너지가 분출된다.

에너지가 부족한 사람에게는 도저히 견딜 수 없을 정도의 격렬함이지만, 그 용솟음치는 모습은 매우 재미있다.

버릇은 사랑스러운 것이다

만화가 이노우에 다케히코도 그 버릇의 매력을 잘 알고 있었던 것 같다. 〈슬램덩크〉의 성공 비결을 묻자 등장인물 모두에게 반드시 한 가지 흠을 만드는 것이라고 대답했다. 모든 걸 잘하는 결점 없는 인간은 절대 만들지 않는다. 예를 들어 주인공 사쿠라기 하나미치(강백호)의 라이벌인 루카와 가에데(서태웅)는 기술은 슈퍼급으로 뛰어나지만 체력이 부족하고 디펜스가 서투른 등의 결점이 있다. 그렇게 한 사람 한 사람을 살펴보면 모두 한두 가지 결점이 있는데, 그것이 만화를 재미있게 만드는 비결이라고 한다.

이노우에가 말한 것처럼 인간의 관계가 하나의 드라마로서 재미있어지는 이유는 인간에게 버릇이 있기 때문이다. 버릇 없이는 드라마가 만들어지지 않는다.

버릇이란 본래 인간의 과잉된 부분이다. 그걸 사랑하지 못하면 모두가 같은 행동을 하게 된다. 그러면 너무 재미없다. 버릇이 강하게 드러날수록 개성도 강하게 드러나기 때문이다.

예를 들어 전 야구감독 나가시마 시게오는 아주 특이한 습관이 있었다. 그의 일화에는 그 괴이한 버릇이 느껴지는 일들이 많은데 그에 관한 일화를 들으면 어쩐지 흐뭇하다.

나가시마는 합숙소에서 자다가도, 배팅 힌트가 생각나면 한밤중에든 뭐든 상관없이 일어나 휘두르러 가는 버릇이 있었다고 한다. 나가시마는 방 안쪽의 가장 쾌적한 장소에서 자고 있었는데, 생각이 나면 배트를 한 손에 들고 잠들어 있는 선수를 모두 밟고 지나간다고 한다. 돌아오는 길에도 또 그렇게 사람을 밟고서 잠자리에 들었다. 하지만 좋은 의도인 만큼 성가셔도 주변 사람들은 불평할 수 없었다.

그런데 어느 해 나가시마는 여전히 한밤중에 스윙하러 갔지만, 다른 사람을 밟지 않으려고 피해서 나갔다고 한다. 그때까지 밟혔던 한 선수는 '나가시마 씨도 슬슬 은퇴할 때가 됐구나'라고 생각했는데, 아니나 다를까 그 직후에 나가시마는 은퇴했다고 한다. 요컨대 한창때는 사람이 자고 있다는 사실이 머리 한구석에도 떠오르지 않을 정도로 야구에 열중했던 것이었다.

지금은 사회에 버릇을 사랑하자는 풍조가 별로 없다. 조금이라도 아슬아슬한 발언을 하면 말꼬리가 잡혀서 그 전까지의 공적과 상관없이 발목이 잡혀버린다. 물론 용서하기 어려운 심각한 실언도 있지만, 지금은 오히려 '모든 결점을 없애라', '절대로 실언은 하지 마라'는 분위기가 뚜렷하게 강해졌고, 그로 인해 그 사람 본래의 분방한 언행이 사라지고 있다.

이는 니체가 지적한 '소인의 사회'다. 위대한 것을 점점 끌어내리려는 침체된 공기, 대중의 질투의 바다가 펼쳐져 있는 것만 같다.

버릇은 문학에서 배워라

원래 버릇은 과하고 넘치는 것이다. 괴테는 그 모난 부분을 '사랑하라'고까지 말하지는 않았는데, 이 '버릇을 사랑한다'는 관점은 역시 문학에서 가장 많이 배울 수 있을 것이다.

문학에는 보통 사회에서는 좀처럼 찾아볼 수 없을 정도로 성격이 강한 사람이 많이 등장한다. 그런 사람들의 드라마를 통해 '이런 식으로 인간과 인간은 관계를 맺을 수 있구나' 하고 인간관계를 알게 된다. 현실의 인간 캐릭터는 그보다는 약간 흐릿하므로 문학을 접하고 특이한 성격을 가진 사람에게 익숙해지면 웬만한 일은 있을 수 있다고 가볍게 넘길 수 있다.

문학은 그런 인간 이해력을 높이는 데 매우 효과적이며, 비즈니스 또한 인간끼리의 교제다. 그런 의미에서 비즈니스는 문학과 상당히 가까운 위치에 있다. 그렇다면 상대방의 일반적 능력을 측정하기 전에 그 사람의 버릇을 꿰뚫어 볼 수 있어야 한다. 버릇은 장점과 아주 밀접한 관계에 있다. 상대방을 버릇까지 포함해 사랑할 수 있게 되면 인간관계는 비즈니스를 넘어 깊어진다.

"

| 4장 |

지속

"

돈을 쓰는 행위의 덕목

경험을 쌓으려면 돈이 우선일세. 내가 날리는 농담 하나하나
에도 지갑 가득한 금화가 들었지. 내가 지금 알고 있는 걸 배
우기 위해 50만 파운드의 내 재산이 사라졌다네. 아버지의
전 재산뿐만 아니라 내 봉급에, 50여 년간 글을 써서 번 상당
한 액수의 돈까지.

자신에게 투자하는 방법에 규칙을 정하라

이건 내가 좋아하는 문구다. "농담 하나하나에도 지갑 가득한 금화가 들었다"란 유머러스한 표현이 일단 마음에 든다.

괴테는 "재능이 있다는 것만으로는 충분하지 않다. 똑똑해지기 위해서는 그 이상의 것이 필요하다. 큰 사회 속에서 생활해 보는 것도 필요하고, 당대 일류 인사들의 카드놀이를 구경하거나 자신도 승부에 참가해 봐야 한다"고 덧붙였다. 다양한 경험을 하려면 돈을 써야 한다는 말이다.

예를 들어, '농담'은 어떤 의미에서는 시시하고 무형의 것이다. 농담조차 금화를 들여 배웠다는 게 괴테의 자랑이자 거짓 없는 비유라고 생각했다.

뛰어난 문학가 괴테의 이미지를 크게 뒤집는 발언 같지만 나는 의외로 이 관점을 무시할 수 없다고 생각한다.

왜냐하면 가진 돈을 어떻게 쓸 것인가 하는 과제는 누구에게나 따라다니기 때문이다. 자신에 대한 투자라는 주제가 돈을 둘러싸고 명확해진다.

참고로 나는 학창 시절 '책을 살 때는 돈을 아끼지 않는다'고 규칙을 정했는데, 식비나 아파트 관리비 등은 아꼈지만 그렇게 해서 생긴 돈은 모두 책에 쏟아 부었다.

그 비용은 바로 돈이 되어 돌아오지는 않는다. 애초에 돈을 회수할 생각도 거의 하지 않았다. 책값과 생활비를 균형 있게 사용하는 사람도 있겠지만, 나는 책값이 식비보다 훨씬 많이 들었다.

보이지 않는 것에 소비하라

돈을 어디에 쓰느냐에 따라 인생이 크게 달라진다. 나이를 먹을수록 그 차이는 더욱 분명해진다.

컬렉터라고 하는 부류도 극단적으로 돈을 쓰는 사람일 것이다. 그런데 보통 사람이 소박한 생활을 하면서 세계적 수준의 컬렉션을 가지고 있다는 말을 들으면 꽤 감동적이다.

일본에서는 문학이 돈과 결부되어서는 안 된다는 분위기가 남아 있다. 그러나 괴테는 문학적 소양을 갖추는 데 돈의 힘을 완전히 무시할 수 없다고 말한다. 이는 결코 거짓말이 아니다. 괜히 구두쇠처럼 돈을 아끼다가 자신을 작게 만들기도 한다.

일본의 소설가 중에 돈에 무관심했던 것은 한때 순수문학의 면면뿐이었다. 나쓰메 소세키나 다니자키 준이치로 같은 일본의 거장들도 돈에는 상당히 깐깐하게 굴었다.

만약 괴테가 물려받은 유산이나 글로 벌어들인 돈으로 건물을 샀다면 '돈을 벌었구나'하고 말겠지만, 무형물에 쏟아부었다는 것이 중요하다. 약간의 목돈만 모여도 그 돈을 자신을 위한 자본으로 쓸 용기가 없어지는데, 농담을 하기 위해 재산을 쏟아붓는 괴테의 정신적 여유는 본받아야 한다.

의식의 효용

궁정 생활은 음악과 같아서 각자 박자와 쉼표를 지켜야 해.
그들은 의식으로 시간을 보내지 못하면 궁정 사람들은 지루
해서 죽을 걸세.

역할 수행은 전체의 균형에 맞추어가며

나도 여러 번 이런 경험을 했다. 사회생활을 하면 박자를 칠 때와 쉴 때의 균형이 필수이고 각자에게 역할이 필요하다. 요컨대 경쟁만이 사회생활이 아니라고 보았다.

다른 예로 수험공부를 해서 대학에 들어가는 것은 경쟁이다. 각자의 역할이 있지 않으며 모두가 같은 공부를 하지만 합격 여부에 따라 갈린다. 그러나 연구자가 모이는 대학 기관조차 나는 '일종의 월급쟁이 같은 생활적 면모가 있구나'라고 생각했다.

연구는 독자적으로 하는 거지만 공동연구를 하거나 조수 등과 여럿이서 할 때는 다른 사람이 할 수 있는 일은 다른 사람에게 맡기고 본인은 관여하지 않는 게 중요하다. 일을 잘한다고 해서 그 사람이 여기저기 참견하면 다른 사람의 자리가 없어진다. '박자와 쉼표를 지켜야 한다'는 것은 나설 곳과 쉴 곳을 분간하자는 말이다. 그게 예의범절이며 또한 사회적으로도 효율이 좋다.

나는 대담을 하거나 토론에 패널로도 참여하는데, 이때 가끔 대화하지 않고 자기만 일방적으로 말하는 사람이 있다. 말하는 게 박자를 치는 것이라고 가정하면 그 사람은 계속 박자를 치는 대신에, 고개를 끄덕이며 듣고 있는 다른 사람은 그 시간을 쉬는 상태로 있어야 한다.

음악으로 말하자면, 가령 관현악 5중주에서 누군가가 계속 연주하는 건 있을 수 없는 일이다. 먼저 누군가 멜로디를 연주하고, 그다음에 다른 악기가 연주한다. 오케스트라의 심벌즈는 항상 등장하지는 않지만, 꽤 효과적으로 울린다. 이와 마찬가지로 역할을 균형 있게 나누는 편이 연주로서도 매력적이다.

의식을 싫어하지 않는다

괴테가 "의식으로 시간을 보내지 못하면 지루해서 죽을 것이다"라고 말한 부분은 아이러니가 상당히 섞여 있지만, 의식은 의식으로서 치르는 데 의미가 있다고 말한다.

나는 기본적으로 의식을 좋아하지 않는 편이다. 안건이 많지 않은 정기 회의도 의식이라 생각하면 졸려서 시간 낭비라고 생각할 때도 종종 있다. 그러나 예를 들어 입학식이나 졸업식까지 "의식 같은 거 없애버려!" 하고 모든 걸 배제하면 의외로 자신의 마음속에서 어떤 구분을 짓기가 어려워진다.

의식을 없애면 사람은 모이지 않게 된다. 이는 극단적으로 말하면 '사회 따위 없어도 된다'는 말이나 마찬가지다.

고대 사회에서는 축제, 즉 의식이 생활의 중심이었고, 몇 달에 한 번씩 수확제를 지내는 등 오히려 의식을 중시했다. 요즘 사람들에게는 그것이 루틴처럼 지루해 보이지만, 그렇게 해서 삶의 지루함을 달래는 사람이 있다고 생각하면 된다. 의식을 멈추지 않는 이유도 바로 거기에 있으며, 이는 어떤 의미에서 어른의 관점이다.

사람들이 모이면 어딘가 박자가 맞아떨어진다. 능력이 있고 바쁜 사람은 의식에 그다지 구애받지 않지만, 노년이 되면 그런 사회적인 힘도 약해진다. 그럴 때 오히려 의식을 통해 생활에 악센트를 주는 것은 나쁘지 않다.

졸저 『회의 혁명』에서도 언급했듯이, 나는 창의적인 모임을 중요하게 생각하지만, 때로는 쓸모없어 보이는 모임에 휩쓸려 참석할 때도 있다. 그럴 때, 요컨대 이 의식이 하나의 음악이라고 생각하면, '괜한 힘을 쓰지 않아도 된다'라고 괴테는 말하고 있다.

또 같은 멤버가 모인 회의에서 A씨는 발언이 기대되는 역할을 하고, B씨는 항상 화제를 돌리는 역할, C씨는 동조하는 역할, 가장 지위가 높은 D씨는 지금까지의 토론을 무력하게 만드는 듯 권력자의 목소리를 내는 등 역할이 분명하다. 이건 이것대로 미리 정해진 흐름대로 흘러가서 대중연극으로서 재미있다.

괴테는 아주 창조적인 사람이지만 정치가이기도 해서 군주를 중심으로 궁정 생활을 했다. 궁정 생활은 사교생활, 즉 사회생활이다. 의식 같은 건 무의미하다고 너무 힘주어 말하면 오히려 스트레스가 된다. 그보다 각자 심벌즈를 치거나 트라이앵글을 치거나 뭔가를 해야 한다고 생각하면 마음이 편해진다.

각자가 맡은 역할을 이해하고 받아들이면, 그 모임의 흐름에 자연스럽게 참여하게 되어 불필요한 긴장감이 줄어들게 된다. 이는 곧 우리가 더 유연하고 효과적으로 협력할 수 있도록 해준다. 괴테의 생각처럼, 우리는 우리의 역할을 하나의 악기 연주처럼 생각하면 불필요한 에너지를 소모하지 않고도 모임에 참여할 수 있다.

더 나아가, 이런 접근 방식은 우리가 일상에서 직면하는 다양한 상황에서도 유용하다. 모든 상황이 우리의 통제 아래 있지 않으며, 때로는 흐름에 몸을 맡기고 각자의 역할을 충실히 수행하는 것이 더 나은 결과를 가져올 수 있다. 이는 개인뿐만 아니라 조직 전체의 효율성과 창의성을 높이는 데도 도움이 된다.

우리는 모두 다른 배경과 경험을 가지고 있으며, 이러한 다양성은 집단의 강점을 이루는 중요한 요소이다. 모임에서 각자의 역할을 존중하고 그 다양성을 수용할 때, 우리는 더 풍부한 논의와 창의적인 해결책을 도출할 수 있다.

우리가 참여하는 모든 모임과 회의 등의 의식은 그 자체로 중요한 의미를 지닌다. 때로는 쓸모없어 보이는 모임에서도 배울 점이 있으며, 그 과정을 통해 우리는 더욱 성장하게 된다. 이는 우리가 더 나은 사람, 더 나은 동료, 더 나은 리더가 되는 데 큰 도움이 될 것이다.

승부를 보는 방법

그래서 일단 좋은 연극이나 좋은 오페라를 연습하네. 그러고
나서 그 작품이 어떻게든 관객을 끌어들여 극장이 만원을 이
루면 짧은 간격으로 상연을 계속하지. (중략) 관객이 작품에
흥미를 보이면 최대한 반복하는 것이 좋다네.

이기는 이론

이기고 있을 때는 방법을 바꾸지 않는다. 이것이 승부에서 이기는 철칙이다. 여기에 다른 방법을 약간 변형해도 상관없지만, 자신의 기본적 승리 패턴은 움직이지 않는 것이 중요하다. 당연한 말처럼 들리지만 사실 '이기고 있을 때 계속 그 방식으로 밀고 가기'가 생각보다 어렵다. 이기고 있다는 사실에 불안을 느끼고 스스로 게임을 망치는 경우가 적지 않다. '이렇게 운이 좋을 리가 없어', '내가 이렇게 잘 할 수 있을 리가 없어' 하고 플레이하기 전부터 마음이 흔들리는 사람은 계속 이길 수 없다.

나도 운동을 해봐서 잘 안다. 자신의 주특기를 활용하여 이기고 있는데 이대로 통할지 어떨지 불안해진다. 아니면 같은 기술만 쓰다 보니 지루해져서 이것저것 다른 기술도 쓰다가 자신의 주특기마저 무너진다.

유도의 야마시타 야스히로나 요시다 히데히코가 샅걸이로 금메달을 땄을 때는 자연스럽게 안짱다리가 걸리는 느낌이었다. 기술을 걸면 타이밍 좋게 허벅다리가 걸려 상대가 쓰러진다. 물론 그들은 그 밖에도 다양한 기술을 구사할 수 있지만 이기고 있을 때는 주특기로 공격하는 것이 이기는 이론이다.

스스로 질리지 않는 것도 재능

또 괴테는, 승부에 나설 때 그 기술로 계속 이길 수 있는지 판별하는 것이 중요하다고 말한다.

"나는 오랫동안 현장을 경험하면서 중요한 사실을 발견했다. 연극이든 오페라든 몇 년 동안 계속해서 성공할 가능성이 분명치 않으면 연습해서는 안 된다는 것이다."

괴테라는 인물의 재미있는 점은, 연극이나 오페라 등의 원작이나 각본을 쓸 뿐만 아니라, 실제 지도도 해서 극장이 한산하면 매우 책임감을 느꼈다는 점이다. 관객이 적으면 더 이상 상연할 가치가 없다, 엄청난 힘이 낭비되고 있다는 걸 아주 잘 알고 있었다. 그리고 이 점 때문에 작가로서 엄청나게 단련될 수 있었다고 생각한다.

보통은 모처럼 막대한 에너지를 들여서 연습해도 2개월에서 3개월, 심하면 몇 주 만에 막을 내리고 다음 공연으로 넘어가는 경우가 많다. 하지만 괴테의 말에 따르면, 어떤 작품이 잘 맞으면 바꿀 필요가 없다. 모든 작품을 새로 만들기보다 몇 년이고 똑같이 해야 마땅하다는 것이다. 만약 그런 장기 흥행의 전망이 없다면, 혹은 장기 흥행을 하고 싶지 않은 사람이라면 연습조차 해서는 안 된다고 주장한다. 즉 성공에 대한 전망을 먼저 세워야 한다는 뜻이다. 이는 시사하는 바가 상당히 크다.

예를 들어 배우 모리 미츠코의 연극 〈방랑기(放浪記)〉나 배우 모리시게 히사야의 연극 〈지붕 위의 바이올린 연주(屋根の上のヴァイオリン弾き)〉는 장기 흥행을 기록한 작품이다. 히트 치면 계속한다. 이 말은 자신이 하는 일에 싫증을 느끼지 않는다는 뜻이기도 하다. 얼핏 보면 이렇게 집요하게 하는데도 어지간히 질리지 않는구나 싶지만 질리지 않는 것도 재능이다.

기본적으로 20년 동안 같은 연기를 하면 배우는 대사를 틀리지 않는다. 연기도 수백 번 반복해서 안정감이 있다. 배우는 '오늘도 똑같구나'라는 매너리즘에 빠져 관객이 그 안정감을 바란다는 사실을 놓치기 쉽다. 그래서 자신에게 싫증이 나면 처음 보는 사람, 혹은 반복해서 보는 걸 좋아하는 사람에게 만족을 주지 못한다.

무엇보다 공연을 오래 할수록 대사 전체를 각 배우가 어떻게 요령 있게 전달하는지 알아서 애드리브가 잘 먹힌다. 관객은 연기에 약간 의 변주를 줬을 때 '이번에는 여기를 바꿨구나'하고 찾아보는 재미가 있다.

하지만 애드리브 위주의 퍼포먼스는 보기 힘든 경우가 많다. 골격 없이 그 자리의 기세로만 연기하면 관객 반응에 의존하는 부분이 있 기 때문이다. 그러면 코어 팬들은 즐길 수 있겠지만 처음 보는 관객 에 대한 의식은 부족하다고 할 수 있을 것이다.

금광을 찾으면 모든 것을 쏟아붓는다

예술가뿐만 아니라 창조적으로 일하려는 사람은 새로운 것을 만 들고자 하는 의식이 강하다. 두 번이나 같은 걸 하고 '발전이 없다'는 소리를 듣는 것은 굴욕적인 일이다. 이것도 할 수 있고 저것도 할 수 있다고 말했으면 한다.

하지만 정말로 좋은 작품을 만들 수 있다면 '이 힘을 과시하고 싶 은 욕구'를 억누를 필요도 있다. 이것저것 새로운 변화를 보여줘도 반응이 썩 좋지 않을 수도 있기 때문이다. 재능 있는 사람일수록 평 범하고 항상 똑같은 일을 한다는 말을 듣기가 고통스럽겠지만 비판을 견딜 수 있을 만큼 대담해져야 한다. 끊임없이 새로운 소재에 손을 대다가 모처럼 찾은 큰 금광을 놓치고 있는 사람도 많이 보인다.

반대로 큰 금광을 찾아 철저하게 그곳에서 일하는 유형도 있다. 사실 일할 때는, 그 장르를 세세하게 꿰뚫고 있는 사람이 응용력도 높다. 어디를 어떻게 바꿔야 새로워지는지 꿰뚫어 보고 있다.

요리의 세계에서도 실력 있는 요리사일수록 기존의 레시피를 약간 변형하여 새로운 요리를 만든다. 맛과 기술을 속속들이 알고 있어 '여기와 여기를 두세 군데만 바꾸면 충분히 새로운 맛이 난다'고 즉석에서 아이디어도 낼 수 있다. 열 개, 스무 개나 바꾸는 건 아깝다고 여긴다.

전직 장대높이뛰기 선수인 세르게이 부브카는 '세계 기록' 보유자다. 부브카는 장대높이뛰기 분야에서 너무나 탁월해서 어떻게 하면 1센티미터씩 기록을 세울 수 있는지 완벽하게 알고 있었다. 그래서 사실, 한 번에 10센티미터씩 기록을 다시 쓸 능력이 있었는데도 일부러 1센티미터씩 점프했고 그때마다 세계 기록 갱신 소식을 세상에 알리며 자신의 위대함을 세계에 알릴 수 있었다. 인터뷰에서 읽었지만, 1센티미터씩 기록을 늘려가려고 했다고 본인이 말했다.

이는 '질리지 않는다'는 것과는 조금 결이 다르지만, 금광을 찾는다는 의미에서는 같다고 생각한다. 본래 일할 때는, 여기다 금광이다 싶으면 모든 걸 거기에 쏟아붓는 것도 중요하다.

철저하게 하는 것에는 엄청난 힘이 있다

금광을 찾는 게 얼마나 중요한가에 대해서는 앞에서 언급했다. 이제는 금광을 찾은 후에 어떻게 할 것인지를 생각해보자.

현대 사회는 끊임없이 새로운 걸 내놓는 사람을 재능 있는 사람으로 간주한다. 하지만 묘목을 큰 나무로 키우고 많은 열매를 꾸준히 따는 것도 중요하다.

예를 들어 시무라 켄은 수십 년 동안 '바보 영주'라는 개그 캐릭터로 사람들을 즐겁게 했다. 원래 '바보 영주'라는 캐릭터는 그가 발명한 것이 아니다.

배우 사카이 마사아키도 마차아키라고 불리던 젊은 시절에 '바보 영주'를 했고, 그 외에도 많은 배역을 연기했던 개그 캐릭터였다. 그러나 그 캐릭터를 철저하게 해내고 맛깔스럽게 연기하여 자신의 기예로 확립한 사람은 시무라 켄뿐이었다. 지금은 '바보 영주'하면 '시무라 켄'이 연상된다.

어떤 비즈니스든 작은 아이디어를 크게 키우고 '그 방법이 있었구나'하고 생각하게 만드는 경우가 있다. 모든 걸 자신이 만들 필요는 없다.

샤프의 '액정'이 그것이다. 샤프는 계산기 경쟁에서 카시오에게 져서 액정에 모든 걸 걸었고, 그 계산이 맞아떨어지자 액정 기술로 대결하여 이제 액정은 샤프의 대명사가 되었다.

산요에서는 점유율 1위가 아닌 제품은 '이게 언젠가 물건이 될지도 모른다'라고 생각하지 않고 깨끗이 포기했다고 한다. 그렇게 최고의 분야에 힘을 더욱 집중하여 힘의 차이는 더 벌어졌다. 이것이야말로 점유율의 독점률을 안정시키고 막대한 이익을 창출해내는 거대한 줄기라고 할 수 있다.

전성기는 다시 돌아온다

잘나갈 때 싫증이 나거나 마가 껴서 새로운 일에 손을 댔다가 신세를 망치지 않게 스스로 경계해야 한다.

'히트 치면 계속한다'는 괴테의 메시지지만, 나는 이것을 변형하여 '히트 치면 시시한 자존심 따위 버리고 끝까지 계속하라'고 말하겠다. 만화가인 모토미야 히로시는 이를 의식적으로 실천하고 있는데, 대담을 하던 중에 "모토미야 씨, 〈샐러리맨 긴타로(サラリーマン金太郎)〉는 〈사나이 골목대장(男一匹ガキ大将)〉일 때부터 기본바탕은 전혀 변하지 않았군요"라고 말하자 모토미야는 "그게 핵심입니다"라고 명언했다.

한번 크게 히트 치면 절대로 제 발로 그 자리를 떠나서는 안 된다. 세상이라는 독자는 몇 년에 한 번은 반드시 돌아온다고 말하는 것이다.

모토미야는 화풍도 늘 그대로다. 주인공의 헤어스타일이나 얼굴 생김새, 입안에 폭포수가 쏟아지듯 절규를 묘사하는 모습 등 그 이외의 그림은 상상조차 할 수 없다. 만약 그 등장인물들과 비슷한 만화가 있다면 모토미야 만화의 흉내라고밖에 생각할 수 없을 정도로 이미지가 정착되어 있다.

모토미야에 의하면 금광에 금이 하나도 없던 괴로운 시기도 있었다고 한다. 한 번도 히트 친 적이 없다면 어쩔 수 없지만, 히트 쳤다고 생각하면 자리를 지키는 것도 중요하다고 한다. 몇 년에 한 번, 엄청나게 큰 물고기 떼가 돌아온다고 믿고 그 패턴을 갈고 닦으면 된다.

〈사나이 골목대장〉, 〈나의 하늘(俺の空)〉, 〈샐러리맨 긴타로〉는 광맥을 발견한 궤적을 그대로 따른다. 뼈대는 변하지 않았지만 비교해보면 최근 작품에 나오는 정보가 새롭다. 그림도 스토리도 숙달되어 있다. 아이들만 즐길 수 있던 것이 지금은 어른도 즐길 수 있는 것으로 질적으로 향상되고 있다.

그만둘 때의 기준

괴테는 '히트 치면 계속하라'고 권하면서도 '만든 작품에 집착하지 않는다'고도 했다. 하지만 두 말은 절대 모순되지 않는다. 어떤 정점을 보고 나면 물러나는 것이 중요하다.

『Sports Graphic Number 베스트 셀렉션 I(Sports Graphic Number ベスト・セレクション I)』에 수록되어 있는 〈보통의 하루(普通の一日)〉에 마라톤 선수 출신인 세코 도시히코가 은퇴할 때를 이야기한 다음과 같은 장면이 있다. 인터뷰어는 작가 사와키 고타로다. 사와키는 에스비의 감독으로 취임한 지 얼마 되지 않은 세코가 자신이 스카우트한 선수들과 연습하는 동안, 이를 참관하며 인터뷰했다.

당시 에스비 육상부에는 선수가 여덟 명밖에 없었고, 그중 한 명은 몸 상태가 좋지 않아 퇴출이 결정되어 있었다. 역전경주에는 일곱 명의 선수가 필요한데 신인이라도 역전경주에 나갈 수 있을 정도의 수준이 되어야 했다.

"그렇지 않으면 내가 컴백하게 될 수도 있어요."

세코가 웃으며 말했다.

"달리려고 하면 지금도 달릴 수 있단 말씀인가요?"

"달리려고 하면요."

"얼마나?"

"마라톤으로 말하자면 2시간 12분, 혹은 13분이면 달릴 수 있겠죠."

"지금도?"

"지금도."

"그렇다면 좀 더 뛰지 그랬어요. 즐기면서 달리는 방법이 없는 것
도 아닌데."

내가 말하자 세코는 조금 심각한 표정으로 말했다.

"우리 생각은 그렇지 않아요. 지금까지 경주를 생명을 다루는 것
만큼이나 진지하게 여기며 달려왔고, 저도 좋으니까 나간다는 생각
은 털끝만큼도 하지 않았어요. 앞으로도 그럴 수 없을 겁니다. 2시
간 12분, 13분이면 달릴 수 있지만, 2시간 6분의 싸움에는 더 이상
끼어들 수 없으니 적어도 은퇴할 수밖에 없죠."

이 말에는 최고가 되기 위해 노력하는 사람만이 할 수 있는 각오
가 담겨 있다. 세코의 에피소드에서 볼 수 있듯이 자기 일을 한층 빛
낼 수 있는 은퇴 기준을 마련했으면 한다.

작품이 성공했을 때, 그것을 지속하고 발전시키는 것은 중요한 일
이다. 이는 우리에게 성취감을 주고, 더 나은 결과를 도출할 수 있는
동력을 제공한다. 그러나 성공에 집착하고 그 순간에 머물러 있으
면, 우리는 정체되기 쉽다. 새로운 도전과 기회를 놓칠 위험이 있기
때문이다.

괴테는 자신의 작품에 만족하는 순간, 다음 단계를 향해 나아가
는 것을 중요하게 여겼다. 이는 창의적인 과정에서 매우 중요한 태도
이다. 성공에 안주하지 않고 계속해서 새로운 목표를 설정하고 도전

하는 것이야말로 진정한 성장과 발전을 가능하게 한다.

한 작품에 대한 집착은 오히려 그 작품의 가치를 떨어뜨릴 수 있다. 대신, 성공의 경험을 바탕으로 새로운 시도를 하고 더 높은 목표를 향해 나아가야 한다. 괴테의 철학은 이러한 지속적인 자기 혁신과 성장의 중요성을 강조한다.

또한, 물러나는 용기는 우리에게 새로운 시각과 아이디어를 제공한다. 잠시 물러나서 더 넓은 시야로 바라보면, 더 큰 가능성과 기회를 발견할 수 있다. 이는 단지 창작 활동에만 해당하는 것이 아니라, 우리의 삶 전반에 적용될 수 있는 원칙이다.

타인의 평가에
신경 쓰지 않는다

자네에게 고백하건대, 이것은 머지않아 자네에게 도움이 될 걸세. 앞으로 평생 자네에게 도움이 되겠지. 내 작품은 세상 사람들에게 인기 있을 일은 없을 거야. 그런 생각을 하거나 그렇다고 근심하는 사람은 잘못된 걸세. 내 작품은 대중을 위해 쓴 게 아냐. 비슷한 작품을 좋아하거나 비슷한 경향이 있는 극소수의 사람들을 위한 거지.

소중한 한 사람을 위해서

"내 작품은 세상 사람들에게 사랑받을 일은 없을 거야." 괴테가 말했다. 애초에 히트 치려고 만든 작품이 아니다. 그는 자기의 발전 뿐만 아니라 자신과 비슷한 성향의 소수의 사람을 위해 글을 썼다고 에커만에게 말했다.

인기 있고 싶다는 것은 일을 누군가에게 인정받고 싶다는 마음일 것이다. 생각해보면 일을 인정받고 싶다거나 칭찬받고 싶다는 것은, 일이 놀이가 아니라는 증거다. 일이라고 생각하면 다른 사람에게 성과를 인정받지 않으면 안 된다. 하지만 자신에게 그 일이 놀이에 가깝다면, 칭찬 등의 평가를 받지 않아도 좋아하는 일을 하는 것만으로 만족할 수 있다. "일이 놀이가 되는 사람은 강하다"란 말이 바로 거기에 해당한다.

또 멀리 있는 대중, 많은 사람을 타깃으로 쓴 글이 아니라 자신의 눈앞에 있는 소중한 사람에게 쓴 글이 오히려 대중에게 인기를 끌기도 한다.

예를 들어 휴 로프팅의 〈닥터 두리틀(Dr. Dollittle)〉 시리즈는 그런 작은 애정에서 싹튼 것이다. 로프팅은 사정이 있어 아이와 떨어져 살아야 했다.

그래도 자신의 아이에게 재미있는 이야기를 들려주고 싶다는 생각이 있었고, 그 이야기를 아이들도 기뻐해서 점점 부풀어 작품이 된 것이다.

자신의 아이들을 위해 시작한 이야기가 전 세계의 아이들을 기쁘게 하게 됐다. 이런 사례는 비교적 많다. 루이스 캐럴의 『이상한 나라의 앨리스』나 자와할랄 네루의 『세계사 편력(Glimpses of world history)』 시리즈도 그러하다. 『세계사 편력』은 훗날 인도 총리가 된 네루가 감옥에서 딸에게 보낸 편지를 모은 것으로, 정리했더니 하나의 역사관을 지닌 책이 됐다.

자신과 취미가 잘 맞는 사람, 수준이 맞는 사람 등 극소수만 알아주면 된다고 생각하고 표현을 가다듬다 보면 오히려 큰 물결로 대중에게 인기를 얻기도 한다.

순식간에 소비되지 않는 법

그런 의미에서 후지코 F. 후지오와 아카츠카 후지오 등 수많은 재능 있는 만화가를 배출한 토키와장(トキワ莊, 1950년대부터 1980년대까지 저명한 만화가들이 살았던 이층집을 말한다-역주)은, 좁은 세계의 농밀한 그룹 관계가 잘 작동한 예일지도 모른다. 물론 그들이 대중을 전혀 의식하지 않은 건 아니지만, 우선 자기 동료가 자기 작품에 대해 재미있다고 말해주는 것이 중요하다고 말한다. 처음에는 인기가 없어도 결국에 동료가 뒤에서 응원해주고 있다고 생각하면 정신적으로 좋은 상태가 될 수 있다.

중세 음악가나 화가와 고용주의 관계만 봐도, 한 후원자가 예술가의 재능을 보고 만들어진 작품이 후세에도 남아 현대인들을 즐겁게 한다. 감각 있는 한 명의 화상(畫商)을 만족시키면 대중에게도 그림이 잘 팔린다거나, 편집자나 아내의 평가를 바라고 쓴 소설이 히트치는 사례를 자주 본다. 타깃을 정하고 거기에 힘을 집중하면 의외로 수준 높은 작품이 완성된다.

물론 조밀하고 작은 집단에서는 자칫 자신들만의 자기만족으로 끝나는 경우도 있다. 하지만 개개인이 서로의 재능을 인정하고 서로 절차탁마를 계속하면 거기에 강한 의지와 높은 뜻의 에너지가 생겨난다. 그 에너지를 자양분 삼아 만든 그것이 일단 세상에 받아들여

지면 성과가 크다.

지금의 비즈니스 사회는, 대중에게 직접적으로 반응이 오는 걸 최우선 과제로 삼는 경향이 있다. 하지만 그것만 의식하면 순식간에 소비되고 만다.

서두와 같은 말을 남긴 걸 보면, 괴테처럼 고고한 사람도 대중의 이해를 얻지 못하는 건 역시나 괴로운 일이었을 것이다. 그래서일까. 이해받지 못함과 타협하는 것이 중요하다는 식견은 있던 모양이다.

하지만 괴테가 가르쳐준 마음가짐만 갖는다면, 공명심에만 의존하지 않고도 일을 계속하고 싶어질 것이다.

우리 인간이란 언제나 자신을 남과 비교하게끔 만들어졌지.

우리의 행복과 불행도 그렇게 상대적이야.

그렇게 보면 세상에 고독만큼 위험한 것도 없지.

혼자 있으면 남들은 다 나보다 낫고 완벽하다고 상상하게 되어있어.

우리에게는 많은 것이 결여되어 있고, 남들은 그걸 다 갖고 있다고 상상하기 쉽지.

그리고 우리가 지니고 있는 것까지 남에게 주어버리지.

그래서 완벽하게 행복한 삶의 모습을 그리지.

실은 우리 자신이 만들어낸 환상일 뿐인데...

-『젊은 베르테르의 슬픔』중

다른 것을 받아들인다

국어의 힘은 이질적인 요소를 거부하는 게 아니라 이를 병탄

하는 데 있다.

자국어보다도 미묘한 뉘앙스를 품고 있는 함축적인 말이 외

국어에 있어도, 그 말을 써서는 안 된다고 하는 모든 부정적

국어 정화론을 나는 배척한다.

일본어는 어려운 언어다

현재 일본어의 성립부터 괴테가 말하는 긍정적 국어정화론에 가깝다는 사실을 떠올려보자.

일본어는 매우 야성적이고 강인한 언어다. 중국어라는 외국어의 거대한 파도를 그대로 받아들인 뒤, 야마토고토바(大和言葉)란 자국의 언어와 섞어서 오늘날의 일본어를 만들어냈다.

예를 들어 '독서'와 같은 음독 한자의 숙어는 야마토고토바에는 없는 것으로 기초는 중국어에 있지만 지금 일본인이 일반적으로 사용하는 일본어에서는 중요한 부분을 차지하고 있다. 이제 음독하는 중국어 숙어를 일체 지워버린 일본어란 있을 수 없다.

글자도 원래 일본어에는 없던 것인데, 한자를 맞춤법으로 도입하면서 히라가나, 가타카나와 같은 일본어 표기법이 만들어졌다.

그 거대한 이해 작업을 불교 전래로 생각하면 1500년 정도의 세월에 걸쳐 일본인은 계속해왔고, 이 모든 것이 지금의 일본어의 힘이 되었다.

받아들이는 힘의 대단함과 풍요롭고 넉넉한 정신성을 일본인은 자랑스러워해야 하지 않을까. 만약 지금 일본어가 아닌 것을 닥치는 대로 배제한다면 야마토고토바만 쓰던 시대로 돌아가야 한다. 그러면 사회가 진화할 수 있을까?

사실 현대의 일본어는 중국어뿐만 아니라 서양의 사상에서 온 말도 번역하여 도입하고 있다. 우리가 일상적으로 사용하는 '사회'나 '철학', '행복'이란 말도 원래 일본어에는 없었던 말이다.

후쿠자와 유키치 등 메이지 지식인들이 서양의 개념에 대응하는 일본어를 고안해내어 바꾼 것이다. '철학'은 니시 아마네가 번역한 말이고, '사회'는 후쿠치 오우치가 번역한 말이다.

하지만 다행히 일본어에는 가타카나가 있어 중국어처럼 전부 한자로 표기하지 않아도 된다. 그런 의미에서 일본어는 매우 편리하고 말을 이해하기 쉬운 시스템을 갖추고 있는 셈이다.

적극적이고 긍정적인 자세로 받아들여라

무언가를 구축할 때는 이질적인 것은 철저하게 부정하고 배제하는 방법과 좋은 것이라면 무엇이든 척척 받아들이는 방법 두 가지가 있다. 전자 쪽이 일견 순수함을 유지할 수 있을 것 같지만, 그것으로 정화는 할 수 있어도 본질은 말라버리는 경우도 많다. 가령, '자아 찾기'라는 정체성 확립에 대해서도 비슷한 말을 할 수 있는데, 이것도 나답지 않고 저것 또한 진정한 나답지 않다는 식으로 잘라내면 결국에는 자기 자신이 없어져 버린다.

오히려 여러 가지 면이 하나로 뭉쳐 있고, 그 모든 것이 자신이라고 생각해야 개성이 훨씬 풍부해진다.

그러나 괴테의 정화론은 언어에만 국한되지 않고 다른 분야에도 응용할 수 있다. 예를 들어 '~답다'는 것을 깊이 있게 보여줄 때, 다양한 면을 없애고 그것만을 강조하면 매우 답답한 인상을 준다. 다양한 것을 받아들이고 긍정적인 형태로 '~다움'을 만들어내야 정신에도 여유가 생긴다.

내가 보기에 우리 시대에는 부정적인 정화론자들이 많은데, 나는 그들이 무언가를 긍정하고 찬양하기 위해 같은 게 아니면 같은 방향을 가진 비슷한 것조차 부정해야 직성이 풀리는 히스테릭한 경향이 있다고 생각한다. 꼭 극단주의자들의 내분을 보는 것만 같다. 겉으로 보기에는 비슷하지만, 그들은 가까이 있는 것을 철저하게 비판함으로써 자신들의 정당성을 구축한다. 이것이야말로 전형적인 '부정정화론'이다. 이는 너무나도 좁은 식견이다. 극단적으로 생각하면 국수주의적 발상이 된다. "이것은 일본인만의 것입니다", "일본인이 아니면 모를 것입니다"라는 발언에는 우월감과 비슷한 가난한 정신성이 느껴진다.

내가 제안하는 '3·2·15 단전호흡법에 대해서도 "이런 단전호흡법은 일본에만 있는 건가요?"라는 질문을 자주 받는다. "일본 고유의 것입니다"라는 대답을 기대하는지도 모르지만, 나는 간단히 "아니, 처음의 설정은 제가 했으나 단전호흡법 자체는 원래 인도나 중국의 것입니다"라고 말한다.

'일본 특유의'라는 브랜드보다 세계의 우수한 것을 적극적으로 받아들여 자신들만의 방식으로 변형하는 나라가 일본이다. 그런 열린 자세야말로 앞으로 우리에게도 필요하다.

일본어의 성립부터 괴테가 말하는 긍정적 국
어정화론에 가깝다는 사실을 떠올려보자.

방해의 효용

우리는 이러한 이유로 일 년 넘게 몰두했는데, 그 사이 셀 수 없이 많은 방해가 들어왔네. 아주 질릴 정도로 계획이 자주 중단됐고 마음속으로 어떻게든 되겠지 하고 생각한 적도 종종 있었지. 하지만 지금은 그 모든 방해를 고맙게 생각해. 왜냐하면 일이 진행되는 동안 다른 훌륭한 이들에게 검토받아서 더욱 깊이 이해할 수 있게 됐기 때문이네. 덕분에 일 년 전에는 생각하지 못했던 일이지만 이제 곧 일을 마무리할 수 있게 됐어. 그 비슷한 일이 내 인생에는 자주 일어났다네.

벽에 부딪치면 새로운 길이 보인다

생각해보면 일에는 방해가 따르기 마련이다. 괴테도 방해받아 일을 중단한 경험이 있고 그로 인해 집중이 끊어졌다고 말한다. 번역 같은 일은 특히 단숨에 해치우고 싶은 일인데 말이다. 하지만 괴테는 그러한 과거의 경험을 바탕으로 '방해'에도 긍정적인 면이 있다는 독특한 의견을 밝혔다.

방해의 효용 중 하나는 중단을 통해 업무의 질을 높일 수 있다는 것이다. 이는 나도 경험적으로 느끼고 있다.

예를 들어 중간까지 만든 기획 중에, 이미 세상에 비슷한 것이 있었다고 하자. 한참 고민해서 만들었는데 그게 발각되면 지금까지의 노력과 시간이 모두 헛수고였다는 생각에 우울해질 것이다. 비즈니스맨이라면 누구나 이런 문제를 겪었을 것이다. 나 역시 수백 가지의 다양한 문제를 겪으며 씁쓸한 경험을 했다.

하지만 그 시점에서 기획을 포기하면 정말 헛수고가 된다. 이때 중요한 것은 절대로 포기하지 않겠다고 결심하는 것이다.

돌이켜보면 나는 지금까지 벽에 부딪혀서 그대로 끝낸 적이 별로 없다. 라이벌이나 경쟁자와 차별화할 수 있는 포인트는 무엇일까 다시 한번 진지하게 생각해보며 철저하게 고민하다 보면 새로운 길이 보일 때가 많다.

왜 그럴까. 생각할 시간이 많아지면 이해가 깊어진다. 새로운 아이디어는 대개 문제가 발생했을 때 생겨난다. 현실의 장애가 자극되어 뇌가 온전히 가동하고 결국 극적인 변화로 이어진다고 생각한다.

다시 말해, 업무상 일어난 방해는 더 높은 차원으로 가는 원동력이라고 할 수도 있다. 정·반·합의 변증법처럼 말이다. 방해를 방해라 생각하지 않고 더 좋은 것을 만들어낼 기회라고 생각하면 스트레스를 덜 받을 수 있다. 일에는 방해가 있기 마련이고 문제가 생기기 마련이다. 그런 마음가짐으로 하면 된다.

흔히 운동선수들이 하는 말인데, 연습으로는 기록을 낼 수 없다. 극한 상황에서 발휘되는 괴력까지는 아니지만 실전이 아니면 힘을 발휘할 수 없는 모양이다. 뇌와 근육은 평소에 적당히 게으름을 피운다. 하지만 뭔가 예기치 못한 사태가 발생하면 그것을 극복하려고

172

단숨에 일을 시작하기도 한다. 그와 비슷한 인지도 모른다.

또 기량을 발휘한다는 의미에서는 컨디션이 좋을 때보다 좋지 않을 때 결과가 오히려 좋은 경우도 있다.

야구의 투수도 컨디션이 별로 좋지 않을 때 완봉할 수 있다고 들었다. 몸의 일부가 아프면 감각이 예민해지고 플레이도 섬세해진다. 결과적으로 공을 신중하게 던지게 된다. 어찌 보면 장애는 의식을 명료하게 만드는 것이다.

아이디어를 잠재운다

일에 방해되는 경우와 그렇지 않은 경우를 연상해보면 방해가 되지 않고 일이 순조롭게 진행되는 모습은 쭉 뻗은 계단을 쭉쭉 올라가는 느낌일 것이다. 반대로 방해받아 돌아가는 길은 나선계단을 올라가는 느낌에 가깝다. 아이디어가 올라갈수록 층층이 쌓인다. 이 나선 상태를 다른 말로 표현하면 '아이디어를 잠재운다'가 되는지도 모른다.

괴테는 앞의 발언을 했을 당시 『식물의 변태(Die Metamorphose der Pflanzen)』를 작업하고 있었는데, 종종 방해받아 일 년 이상 걸려 겨우 완성했다고 말한다. 하지만 여기에는 재우는 것의 이점이 들어 있다.

골똘히 생각하다가 막혔을 때는 일단 재우고 나서 다시 시작하는 것이 좋다. 다른 곳을 이리저리 돌아보고 난 후에야 비로소 보이는 것도 있기 때문이다.

영국 출신의 논리학자, 수학자, 철학자이자 노벨 문학상을 수상한 버트런드 러셀도 "생각에 잠기면 한 번 지하로 내려가라"라는 말을 남겼다. 지하로 내려가라는 말은 아이디어를 잠재우라는 말과 동의어다.

그런데 괴테는 자신의 생애에도 수많은 방해가 있었지만, "그런 경우에는 그보다 고차원적인 작용을, 그리고 초인간적인 힘을 믿게 되면서 감히 더 이상 파고들지 않고 그 힘을 숭배하게 된다"라며 그때 태어난 것을 존중한다고 말했다.

여기서 '초인간적인 힘'이란 스스로도 예상하지 못한 힘을 말한다. 만일 일이 순조롭게 진행된다면 보통은 자신이 이미 상상하고 있는 것이나 애당초 계획했던 것이 완성되지만, 만일 장애가 생기면 전혀 다른 것으로 완성될 수도 있는 것이다.

예를 들어 졸저 『몸을 흔드는 영어 입문(からだを揺さぶる英語入門)』을 예로 들어보자. 이 책은 셰익스피어, 마더구스, 이글스가 부른 '호텔 캘리포니아'의 가사, 링컨의 연설 등 영어로 된 명문을 모아놓은 책으로, 원래는 『소리 내어 읽고 싶은 일본어(声に出して読みたい日本語)』의 영어판으로 출간되었다. 하지만 책을 마무리하는 단계에서 나는 큰 어려움에 닥쳤다.

그때 마침 『소리 내어 읽고 싶은 일본어』 형식의 영어책이 출판되었기 때문이다. 충격이었다. 책이 거의 완성되고 있다며 기운을 북돋워 주려 했는데, 그 책을 앞에 두고 편집자도 나도 한숨을 쉬며 입을 다물고 말았다.

그래서 어쩔 수 없이 원점으로 돌아갔다. 나는 내가 왜 영어로 된 책을 내야 하는지, 자격이 있는지, 독창성은 무엇인지 생각해보았다. 그때 나는 몸을 흔들어서 일본어를 쓰는 몸에서 영어를 쓰는 몸으로 '몸의 모드 체인지'를 하자고 제언했다.

생각해보면 영어 전문가가 아닌 내가 『소리 내어 읽고 싶은 일본어』의 영어판을 만들 필요는 별로 없다. 하지만 그런 방해가 없었다면 나는 영어로 된 명언들을 모아 책을 만들었을 것이다. 그 방해 덕분에 나는 영어를 읽고 말하기 위해서는 내 몸이 필요하다는 사실을 깨달았다. 그제야 비로소 내 전문인 신체론과 영어를 연결할 수 있었고, 더욱 본질에 도달할 수 있었다.

이것이 바로 방해의 효용이었다.

솔직히 말해서 결과적으로는 '그래서 폭발적으로 팔렸다'라고 자랑스럽게 말할 수 있을 정도로 책이 팔리지는 않았다. '몸을 흔드는 영어'라는 말이 너무 지나쳤던 것일까. 그런 의미에서 그것은 초인간적인 힘, 악마의 속삭임이었는지도 모른다고 생각하며 쓴웃음을 지을 뿐이다.

좋은 방해, 무의미한 방해

물론 나는 어떤 방해라도 긍정하라고 말할 생각은 없다. 사법시험을 보거나 MBA를 따는 등의 방해 요소를 온전히 제거하고 삶을 완벽하게 단면화하고 집중해야 목표를 더 빨리 달성할 수 있을 것이다.

나도 방해받으면 일을 할 수 없다고 생각하던 시기가 있었다. 대학원 시절에는 열 시간 이상 남의 방해를 받지 않아야 연구를 할 수 있다고 생각했을 정도였다.

따라서 초인간적인 힘이 없는 평범한 방해를 성가셔하는 건 이해할 수 있다. 소설가나 화가 같은 직업을 가진 사람이라면 외국에 가서 고독하게 일할 수도 있을 것이다.

그러나 현실에서의 일이란 인간이 만들어내는 방해를 포함해 '인간의 인연'으로 이루어지는 부분도 있는 복합적인 산물이다. 어떤 일을 할 때 방해가 되던 사람과 다른 일도 하게 되는 경우가 의외로 많다.

예를 들어 직장 동료에서 오락 친구나 낚시 친구로 발전되기도 한다. 그런 사람들은 사람들과 놀면서 일 이야기도 하고 끊을 수 없는 끈끈한 인간관계를 맺게 된다. 그러면 그곳이 일의 모체가 되는 것이다.

이처럼 일반적인 일은 거의 흐름 속에서 생겨난다. 방해로 생겨나는 것을 전부 끊어버리면 정체되는 경우도 있다.

또 나는 아이를 갖기 전에는 아이가 태어나면 시끄러워서 일을 할 수 없을 거라고 생각했다. 하지만 실제로는 아이가 생기면서 나는 훨씬 더 일을 많이 하게 됐다. 지금은 아이는 물론이고 온갖 방해를 받지만 그때의 나보다 훨씬 더 일을 잘한다.

물론 예를 들어, 전체 업무 시간 중 두어 시간은 혼자 작업장에 틀어박혀 문을 열지 않거나 전화도 받지 않는 폐쇄적인 방식이 좋다고 생각한다. 하지만 하루 종일 혼자 있어야 일을 할 수 있다고 생각하는 사람은 미숙하다고 봐야 한다.

물론 여성과 남성은 방해에 대한 감각이 많이 다른 것 같다. 예를 들어, 여성은 일하는 중에 누군가가 말을 걸어도 틈틈이 않고 대화를 할 수 있고 수다를 떨다가 여기저기서 화제가 튀어나와도 아무렇지 않은 것처럼 보인다. 하지만 남자는 A가 B, 그리고 B가 C라는 식으로 논리가 하나하나 귀결되지 않으면 혼란스러워한다. 이렇게 남자는 불편한 점도 많지만, 수학자 중에 남자가 많은 건 그 때문일 것이다.

하지만 오카 기요시와 같은 일본을 대표하는 천재적인 수학자는 문학을 비롯한 다양한 것들이 머릿속에서 소용돌이쳤는데, 이를 아이디어의 원천으로 활용했던 것 같다.

일에서 납기 개념을 도입하라

방해라는 위험에 대항하는 방법은 하는 일에 '납기일'을 부과하는 것이다. 가능하면 '빠르게' 기한을 앞당긴다.

특히 집중력이 끊어지지 않게 시간을 짧게 잡는 것이 매우 효과적이다. 시간이 길어질수록 방해가 들어올 확률이 높아진다. 일을 미뤄서 잘됐다는 말은 들어본 적이 없다.

사실 상대나 상황 때문만이 아니라 자기 자신의 문제로 방해받는 경우도 많다. 예를 들어, 새로 하고 싶은 일이 생겨서 그 일에 흥미를 잃는 경우는 드물지 않다.

곰곰이 생각해보면 정말로 하고 싶은 일은 내버려 두어도 하게 된다. 마음은 하고 싶은 일을 우선시하기 쉽다. 하고 싶은 일을 먼저 해치우려 한다.

하지만 어떤 기획을 어중간하게 남겨둔 채 새로운 일을 시작하면, 그 일을 끝냈을 때 이미 전에 기획에 흥미를 잃어버리는 것이 보통이다.

즉, 하려고 마음먹었을 때 재빨리 끝내는 게 최선이다. 기획을 세웠을 때가 가장 흥이 날 때다. 그때, 가령 '앞으로 3개월 안에 만들겠다'라고 결정하는 것이다.

어느 업계나 납기를 지키는 업체는 신용도가 높아 귀한 대접을 받는다. 나도 납기 개념을 도입하고 나서 일을 제대로 하게 됐다. 내 일로 따지면 마감이 그것이다. '납기(마감) 지키는 것'을 습관화한 덕분에 능력도 상당히 키웠다.

생각할 시간이 많아지면 이해가 깊어진다.
새로운 아이디어는 대개 문제가 발생했을 때
생겨난다. 현실의 장애가 자극되어 뇌가
온전히 가동하고 결국 극적인 변화로
이어진다고 생각한다.

"

| 5장 |

연소

"

현재에 모든 것을 건다

가장 좋은 건 대상을 열두 개 정도로 나눈 뒤에 시로 짓는 거야. (중략) 이렇게 조금씩 나누면 일이 훨씬 수월해지고 대상의 다양한 면을 특징적으로 잘 표현할 수 있어. 반대로 큰 전체를 포괄적으로 파악하려 하면 반드시 귀찮아져서 완벽해지기는 거의 불가능하지.

한 번에 모든 것을 쏟아붓는다

이는 괴테의 다양성을 납득시키는 데 매우 중요하다고 에커만이
지적한 부분이다. 괴테는 지형, 암석, 식물, 기상, 빛 등의 자연과학부
터 정치, 경제, 산업, 시, 미술, 건축, 연극 등 예술 분야에 이르기까
지 한 사람이 했다고는 생각할 수 없을 정도로 다방면에 걸쳐 학식
을 갖춘 인물이었다.

그게 어떻게 하면 가능했을까. 괴테는 창작에 모든 것을 한 번에
쏟아붓는 태도를 보였기 때문이다.

같은 사람이라면 항상 비슷한 생각을 하게 마련이다. 어떤 사람
이 시간을 들여 뭔가를 하면, 그 일을 단정하고 싶어 하고 중용을 중
시하는 등 개개의 성질이 아무래도 얼굴을 드러낸다. 순간적으로는

전에 없던 스타일의 아이디어가 떠올라도 결국은 그 사람 본연의 캐릭터에 의해 궤도 수정되므로 결과에 큰 차이가 생기지 않는다. 즉, 일을 오래 끌면 끌수록 비슷해진다.

하지만 어느 순간 열정적일 때 단숨에 해치우면 그 기세를 몰아 다른 일도 할 수 있다. 괴테의 경우 '한 장의 카드에 거금을 걸듯이' 열성적으로 임하므로 그 기세를 몰아 지금까지와는 다른 작품, 다른 시가 만들어진다는 것이다.

또한 '한 장의 카드에 거금을 걸듯이'란 표현도 의욕을 나타내어 꽤 재미있다.

괴테가 〈마리엔바트 비가(Marienbader Elegie)〉라는 시를 썼을 때의 일화를 보자.

이 시는 마리엔바트를 떠난 직후에 썼는데 아직도 생생한 체험의 감정이 남아 있을 때였다. 아침 8시에 첫 번째 여관에서 1절을 썼고, 마차 안에서 다시 시를 썼다. 그렇게 머릿속에 정리한 것을 여관에 도착할 때마다 적어 내려가서 저녁 무렵에는 이미 완성되어 종이 위에 쓰여 있었다.

그 속도라면 한 편의 시를 반나절 만에 완성했으니 혀를 내두를 만하다.

에커만은 이 시를 관통하는 것은 "정신의 윤리적 높이로 누그러진 젊은 사랑의 불타는 정열"이라고 말했다. 하지만 괴테는 "그 상태에 빠졌을 때는 세상의 어떤 대가를 치르더라도 그 상태를 잃고 싶지 않았지만, 지금은 어떤 일이 있어도 다시는 그 상태가 되고 싶지 않다"라고 거듭 말했을 정도다.

요컨대 늘 정열적인 상태에 있으면 몸이 견디지 못하지만, 모처럼 끓어오르는 감정에 젖었으니 여기서 마음의 사진을 하나 찍어두자는 것이다.

순간적인 열정으로 결실을 보아라

생각해보면 우리도 이런 순간적인 열정에 사로잡힐 때가 있다. 그때 그 열정이 지나가기 전에 종이에 적어두거나 사진을 찍어두거나 뭔가 형태로 남겨두는 것이 중요하다.

'5번가의 마리에게(五番街のマリーへ)'라는 노래가 탄생한 경위도 작사가 아쿠 유와 작곡가 도쿠라 슌이치 두 사람의 한순간의 열정이 관련되어 있다.

'5번가의 마리에게'는 '일본 일주·낭만의 배'라는 배 여행 중에 탄생한 곡이다. 아쿠와 도쿠라의 콤비는 '쟈니에게 전하는 말(ジョニーへの伝言)'이라는 작품을 이미 히트시켰고 그 덕에 다음 곡도 둘이서 만들도록 의뢰받았다.

"나는 도쿠라 슌이치와 의논해서 배를 타는 동안 페드로와 카프리시아스(Pedro&Capricious, 재즈와 포크, 라틴록 등의 음악을 선보이는 일본의 밴드-역주)의 '쟈니에게 전하는 말'에 이을 작품을 만들기로 했다. 전작의 무국적성이 좋은 평가를 받아서 이번에도 무국적의 서정을 생각했다. 그러기 위해서는 배 위의 비상구 느낌과 일종의 극적 고양이 우리에게 더할 나위 없는 환경을 만들어줘서 별로 고생하지 않고 '5번가의 마리에게'를 만들 수 있었다.

달이 비치는 동해를 낭만의 배인 사쿠라마루가 북상하자 도쿠라 슌이치가 살롱의 그랜드피아노에서 막 완성된 곡을 연주하며 노래를 불렀다. 그 안에 있던 몇십 명의 여성이 피아노를 둘러싸듯 모여들었고 도중에 몇 번은 다 함께 노래를 불렀다. 갓 태어난 곡을, 여럿이서 다 함께 부른 것은 그때가 처음이었다" (『꿈을 먹은 남자들(夢を食った男たち)』아쿠 유 지음)

배에는 무국적의 여수가 감돈다. 그래서 여행이나 유랑의 서정을 노래로 표현하는 것이 분위기와 아주 잘 어울린다. 그 고양감 속에서 딱 떠오른 곡을 배에 있던 사람들이 합창했다고 하니, 그야말로 정열적인 감정에 사로잡힌 상황이다. 바로 그때 작품으로 만들어버리면 열정은 결실을 보고 이제 더 이상 되돌릴 수 없는 것이다.

괴테도 이동 중, 열정이 남아 있는 동안에 실제로 작품을 완성했다. 그렇게 해서 만들어진 시와 그림은 나중에 돌이켜보면 역시 열정이 하나로 뭉쳐진 것과 같다.

일본에서는 하이쿠가 한순간에 거금을 거는 전형적인 예다. '오래된 연못이나 개구리가 뛰어드는 물소리' 같은 것도 앗 하고 놀라는 순간을 말로 표현한 것이다. 물론 '말을 어떻게 바꿔야 그 순간에 가까워질까?' 생각하는 데 시간이 걸리기도 하겠지만, 순간의 깨달음이 없으면 하이쿠로서는 재미가 없다.

하이쿠와 여행은 거의 한 세트다. 역시 '이곳을 평생 다시는 방문하지 못하겠지'라고 느낄 때의 긴장감이 거액의 돈을 거는 느낌과 비슷한 것이리라.

바쇼의 〈오월비가 아직도 내리는가 히카리도(五月雨の降り残してや光堂)〉도 바쇼가 마지막으로 보는 정경을 나타낸 구절이라고 생각하면 뭉클해진다.

괴테가 쓴 것은 사랑의 격정이지만, 일본에는 어렴풋한 마음을 형상화한 하이쿠라는 전통이 있다. 사진이라도 좋지만 말로 표현하는 것이 가장 좋다. 시를 쓰지 못하는 사람이라도 575의 리듬은 자연스럽게 나와서 잘하고 못하고만 따지지 않으면 비교적 누구나 하이쿠를 만들 수 있다.

'무엇인가에 마음을 빼앗기는 순간'을 포착하기

모차르트는 맑고 푸른 하늘 같은 플루트 협주곡 등을 만드는 동시에, 교향곡이라면 25번이나 40번, 피아노 협주곡이라면 20번같이 아주 데모니시한 곡도 만들었다. 이것이 모차르트의 다면적 재능이 있다는 증거다.

괴테의 시에도 '마왕'이란 시가 있는데, 슈베르트가 만든 곡과 함께 내게는 매우 무서운 존재로 기억된다. 그런 초인간적인 것, 악마적인 것에 사로잡혔을 때는 그 기분을 소중히 하라는 말이다.

예를 들어 평소에 정신적으로 안정된 건 좋은 일이지만, 그런 사람에게서 가끔 이런 초인간적인 부분이 보이면 사람은 그 사람의 깊이를 엿본 것 같은 기분이 든다. 평소에는 밝은 선남선녀가 초현실적인 뭉크를 좋아한다, 퇴폐적인 클림트를 좋아한다고 하면 갑자기 묘한 매력이 더해진다.

시든 하이쿠든 뭔가를 만들지 못하더라도 의외의 것을 좋아하기만 해도 다르게 보인다. 클림트의 그림을 보기 위해 자기만의 시간을 갖는 등 클림트의 그림 같이 마음이 끌리는 대상이 다양하면 그 다양성이 몸에 밴다.

이 작품이 오직 자신만을 위해 쓰인 것처럼

느껴지는 시기가 인생에 한 번도 없다면

참으로 불행한 일이다.

- 『젊은 베르테르의 슬픔』 발표 후

이해할 수 없는 것이 재미있다

『파우스트』에는 이해하려 해도 도저히 수 없는 면이 있다네.
아무리 오성을 무기로 접근하려 해도 소용없는 이야기이지.

이성으로 이해가 안 되는 것의 재미

괴테가 자기 작품『파우스트』를 가리켜 한 말인데, 이 말이 참 재미있다.『파우스트』란 이야기에는 A+B=C라는 수식적인 현실의 오성을 무너뜨리는 부분이 있다. 예를 들어 파우스트 박사는 그레첸에게 자기 몸과 마음을 바치겠다고 맹세해놓고 결국 그녀를 버린다. 그래 놓고 박사는 자신이 버린 그레첸의 비극을 생각하며 괴로워한다. 무엇보다 파우스트와 악마 메피스토펠레스라는 두 영혼의 갈등이 이 이야기에 담겨 있다.

요컨대 괴테 본인에게도 다루기 어려운 모순과 상반된 부분이 있다는 뜻이다. 이 소설은 악마와의 계약 장면 등이 반쯤 꿈속으로 끌려 들어가는 듯한 느낌이 드는 점이 매력적이다.

꿈속의 자신은 진지하게 생각하고 행동한다고 생각하지만, 실제로는 무언가에 쓴 것이다. 깨어나서 돌이켜보면 '왜 이런 일이 일어났을까?', '왜 저런 일이 일어났을까?' 하는 모순투성이지만 꿈속에서는 이상하게도 현실감이 느껴진다.

꿈만이 아니라 자연 현상이나 자연이 하는 일에는 어딘가 석연치 않은 점이 있다. 이 석연치 않은 감각, 생명을 갖고 움직이는 것 같으면서도 그 파악하기 어려운 점이 사람의 마음을 끌어당기는 큰 비결이다.

왜냐하면 인간이라는 존재 자체에 이성적으로 이해할 수 없는 면이 있기 때문이다. 나 자신을 돌아봐도 이중인격자도 아닌데 '왜 그때 그런 표정을 지었을까?', '어째서 그런 말을 했을까?' 하고 머릿속에서 다른 생각이나 말이 저절로 튀어나올 때가 있다. 인간은 그런 이상한 면을 갖고 있다.

하지만 유감스럽게도 작품을 만들 때는 그런 이해할 수 없는 면이 많이 사라진다.

이는 연애에서도 적용되는 비결이라고 생각한다.

'이런 사람이라는 걸 알아서 좋아하게 된다'기보다는 '이 사람에게는 이해하기 어려운 뭔가가 있구나'라고 생각했을 때 상대방에게 푹 빠지게 되는 것이다.

괴테는 이렇게까지 말하지는 않았지만, 나는 그렇게 들린다.

비약적 생각은 이상하게 끌린다

한편 계산과 사고로 질서정연하게 빚어낸 예술은 언뜻 보기에는 잘 만들어진 것 같지만 어딘가 부족하다. 사람의 마음을 사로잡는 힘이 결여되어 있다.

추리소설에서는 어느 정도 확실한 복선이나 독자를 납득시킬 수 있는 논거가 필요하지만, 문학에서는 모든 것이 수월하게 진행되면 시시하다고 느낀다. '뭐?'라고 생각하는 의외성이나 갭이 있어야 문학적이다. 어딘가 이해할 수 없는 것. 그것이 문학에서 추구하는 것과 추리소설에서 추구하는 것의 차이일 것이다.

『파우스트』는 괴테 자신에게도, 읽는 사람에게도 이해하기 어려운 미지의 부분을 넣는 식으로 만들어졌다. 이것이 매력적인 것을 제시할 때의 비결이다.

예를 들어 상품 광고처럼 매력적이고 임팩트가 있는 것은 그 발상을 이해할 수 없다고 느끼게 한다. 가령, '아미노시키'라는 청량음료는 광고에 "♪연소계, 연소계. 연소계♪" 하고 음악이 나오는데 그 노래를 만든 사람이 가사와 함께 곡도 만들었다. 아마 만든 본인도 왜 연소계란 가사에 그 멜로디가 붙었는지 설명하지 못하겠지만 듣는 사람은 이상하게 끌린다.

이는 물론 구체적으로 생각한 결과이다. 구체적으로 생각했기 때문에 순간적으로 팡하고 생각이 비약하는 순간이 오는 것이다.

카피라이팅의 대상은 언제나 현실적이다. 철학적으로 '산다는 건 무엇인가?'와 같은 물음과는 달리, 종이에 이것저것 써보거나 비교해보고 나서 다시 생각을 잠재운다. 그러고 나면 전철을 타고 있을 때나 걸어가고 있을 때 '아, 이거다!' 하고 생각이 번쩍 떠오른다.떠오른다.

그 순간이 바로 카피라이팅의 매력이다. 일상 속에서 불현듯 떠오른 아이디어는 대부분 직관적이고 간결하다. 그런 아이디어야말로 독자의 마음을 사로잡을 힘을 지닌다. 카피라이터는 이러한 영감을 얻기 위해 끊임없이 현실과 접촉하고, 다양한 경험을 통해 자신만의 독창적인 표현을 찾아낸다.

더욱이, 카피라이팅은 글을 쓰는 과정에서만 이루어지는 것이 아니다. 생활 속에서의 모든 관찰과 경험이 카피라이팅의 재료가 된다. 거리의 광고판, 대중교통에서 듣는 대화, 심지어는 마트에서 마주치는 제품 라벨까지, 모든 것이 창의적인 아이디어의 원천이 될 수 있다.

따라서 카피라이터는 항상 열린 마음과 호기심을 가지고 세상을 바라봐야 한다. 그리고 그 과정에서 얻은 작은 영감들을 잘 모아두는 습관이 필요하다. 그것들이 언젠가 하나의 훌륭한 카피로 완성될 수 있기 때문이다.

결국, 카피라이팅은 단순히 글을 잘 쓰는 기술이 아니라, 현실에서 끊임없이 영감을 찾고 그것을 효과적으로 표현하는 예술이다. 그렇기에 카피라이터는 언제 어디서든, 어떤 상황에서도 창의력을 발휘할 준비가 되어 있어야 한다. 그렇게 만들어진 카피는 독자의 마음을 울리고, 제품이나 브랜드의 가치를 극대화하는 중요한 역할을 한다.

감정에 날개를 달아라

무턱대고 정의해봤자 다 무슨 소용인가! 상황에 대한 생생한
감정과 그것을 표현하는 능력이 시인을 만드는 거라네.

매뉴얼 인간과 마케팅주의뿐

　지난 20년 동안 일본에서는 특히 비즈니스 세계에서 미국 사회의 방식이나 매뉴얼을 그대로 받아들이는 경향이 있다. 맥도날드나 켄터키 프라이드 치킨은 매뉴얼 중심으로 성공한 비즈니스 샘플이다.

　물론 매뉴얼이 확실하면 누구나 첫날부터 일을 제대로 해낼 수 있다. 하지만 거기에서 일 년 근무해도 새로운 일을 만들어낼 수는 없다. 몇 년이 지나도 능력은 갱신되지 않으며 거의 제자리걸음 상태에 있게 된다. 이는 매뉴얼에 지나치게 의존하는 업계의 폐해다.

　이러한 현상은 교육에서도 일어난다. 원래 일본의 교육은 일본인이 일본적인 풍토나 문화, 기질을 바탕으로 창의력을 발휘해 만들어낸 방식으로 성공을 거두었다. 정신을 차리고 보니 그 덕분에 초등

교육이나 초등학교 교육에서 세계 최고 수준이 된 것이 현실이다.

외국의 교육 스타일을 연구하여 법칙성을 도출하고 방법론으로서 성공한 예는 오히려 드물다. 서양에서 잘 된 방법이라고 해서 그대로 현장에 가져오려고 해도 재미있을 정도로 뿌리내리지 못하는 것이다. 아이의 반응이 잘 보이고 정확한 판단으로 사용하면 효과가 있을지도 모르지만, 사용하는 쪽에 라이브 감각이 없으면 역시 방법론이나 매뉴얼은 살 수 없는 것이다.

1970년대에 창간한 〈앙앙〉, 〈논노〉, 〈뽀빠이〉라는 잡지는 순식간에 '앙논족'이나 '뽀빠이보이'를 낳았다. 착각하면 안 되지만 앙논족이나 뽀빠이보이가 있어서 잡지를 만든 게 아니다. 잡지를 만들었더니 그런 사람들이 나왔다. 시장조사를 해봤자 창간 전에는 알 수 없었을 것이다.

그러나 지금은 무엇을 시작하더라도 '우선 시장조사를 하고 나서', 마케팅이 우선이다. 원래는 지금 어느 정도의 매출을 올리고 있어서 어느 정도 증산하자고 정하면 이미 늦다. 처음부터 '이것을 팔아야 한다'라는 전제로 움직이는 것이 중요하다.

그러기 위해서는 그것이 정말로 잘 팔리는 물건인지 아닌지를 판별해야 한다. 이를 판단하는 데 있어 생생한 감정이 느껴지는지 없는지가 매우 중요하다. '이대로 갑시다!'라는 확신은 시장조사에서는 절대 드러나지 않기 때문이다.

198

현재 세계적으로 발전하고 있는 기업도 비즈니스의 과제나 상황에 대해 그때마다 생생한 감각으로 대응해왔고, 그 결과 현재는 세계 최고의 자리에 올랐다. 반대로 조직으로서 상황을 자각하지 못하고, 자기만의 감각을 표현할 구체적인 수단을 아무것도 가지지 않으려 한 은행 등은 온전히 부패했다.

감정 없는 논리적 사고에는 치명적인 약점이 있다

일의 본질을 생각해봤을 때 가장 의미 있는 일은 뭔가를 만들어내는 일이다. 새롭게 자신이 만들어낸 무언가에 의해 앞으로 몇 개월간 이윤이 생긴다. 다른 사람의 새로운 일에도 연결되거나, 다른 사람에게 좋은 효과를 가져다준다. 즉 진정한 의미에서 일이란 사람에게 할당된 노동 이외의 것을 말한다. 여기서는 '시인'에 비유하지만, 비즈니스 세계에서도 시와 마찬가지로 아이디어 등의 창조성이 중요하다.

다만 아이디어는 논리적 사고만으로는 만들어내기 어렵다. '필요는 발명의 어머니'란 말이 있듯이 필요는 '이런 수요가 있다'라는 논리가 아니라 '이 불편함을 어떻게든 해결하자'라는 감정에 의해 발견되는 것이다.

또한 그러한 현실에 뿌리를 둔 감각은 위기를 어떻게든 기회로 삼으려는 강인함도 가지고 있다.

예를 들어, 광우병과 조류 독감 등의 일련의 사건으로 대형 외식 체인점들이 그저 수수방관하고 있었던 것은 아니다. 다른 메뉴를 개발하는 등의 방법으로 각자가 위기를 헤쳐 왔다.

인간이란 재미있는 존재다. 궁지에 몰리면 아이디어가 솟아난다. 막다른 곳에 몰렸을 때 새로운 것을 만들어낸다. 그렇게 짜낸 아이디어가 다음 시대의 주력 상품이 되는 것은 정말 흔한 일이다. 감각을 중시하면 결단이 빠르다는 점도 장점이다. 성공한 경영자 중에서 조사 수치를 기다려서 결정하는 사람은 별로 없다. 좋은 회사를 만든 경영자는 안테나를 바짝 세우고 있다.

그래서 '그건 좋네요', '그건 좀 어떨까요?' 등 새로운 기획이나 상품에 대해 항상 생생한 감정이 작용하고 움직일 수 있다.

반면에 이런 감각이 전혀 없는 사람이나 조직도 있다. 상황에 반응하지 못하고, 그 조직에 있음으로써 개인으로서도 전혀 활기차게 움직이지 못하는 그런 직장은 분위기도 무겁다.

그런 직장일수록 '전례가 없다'라는 투의 매뉴얼 판단으로 무사안일을 꾀한다. 언뜻 논리적 사고에 따르는 것처럼 보이지만 이런 반응을 보이는 곳일수록 역경에 약하다.

이러한 조직은 변화와 혁신을 두려워하며, 새로운 아이디어를 받아들이기보다는 기존의 방식을 고수하는 경향이 강하다. 결국, 이런 태도는 장기적으로 조직의 성장을 저해하고, 시장에서의 경쟁력을 잃게 만든다. 조직 내 구성원들은 창의성을 발휘할 기회를 잃고, 점점 더 수동적이고 무기력해진다.

이와 대조적으로, 역동적인 조직은 직원들에게 자율성과 창의성을 발휘할 수 있는 환경을 제공한다. 이러한 환경에서 사람들은 실패를 두려워하지 않고, 새로운 시도를 통해 배움을 얻는다. 이는 곧 조직 전체의 역량을 강화하고, 예기치 않은 도전과 변화에도 유연하게 대응할 수 있는 능력을 길러준다.

시적으로 생각하기

산문을 쓰려면 뭔가 할 말이 있어야 해. 하지만 아무 할 말이 없는 사람도 시구나 운율을 만들 수 있다네. 시의 경우에는 말이 말을 부르고 결국에 뭔가가 만들어지거든. 그게 사실은 아무것도 아니더라도 사연이 있어 보이는 뭔가가 말일세.

논리력을 봉인하고 연상에 맡겨라

『괴테와의 대화』를 보면 알 수 있듯이 괴테는 논리적으로 말하는데 매우 능하다. 또 『젊은 베르테르의 슬픔』처럼 소설을 써도 스토리가 명확해서 누구나 이해하기 쉽다.

그와 동시에 괴테는 역사에 남을 세계의 대시인이기도 하다. 다만 시에 대해서는 일본어로 번역해도 독일어의 어감 그 자체를 직접 맛보기 어려워서인지 '시인으로서의 괴테'라는 면은 제대로 전해지지 않는 것 같다.

예를 들어 논리적이고 치밀하게 말할 수 있어도 때때로 생각을 비약하지 못하면 아이디어나 발상은 재미없어진다. 우리는 흔히 '머리가 좋다'는 것을 '논리적이다'와 연관 짓지만, 괴테의 경우에는 논리력이 매우 뛰어난데도 굳이 그것을 봉인하고 연상에 맡기기도 한다. 시를 쓸 때 단어 연상으로 점프하는 방법을 의식하고 활용하는 것이다.

예를 들어 『파우스트』의 2부에서 파우스트가 꽃이 핀 들판에 누워 치유의 잠을 청하는 장면에 나오는 시는 이런 것이다.

꽃들은 봄비처럼

만물 위에 떨어지고,

들판의 녹색 축복

땅 위의 아이들 위에 빛날 때,

작은 요정의 넓은 마음은,

구원받을 수 있는 사람에게 서둘러 가야 한다.

깨끗한 사람이든, 악한 사람이든,

요정은 불행한 사람들을 가엾게 여긴다.

실제로 글을 쓰든 안 쓰든 이 두 가지를 무기로 상상해보면 된다. '나는 지금 산문처럼 생각하고 있구나', '지금은 시적으로 말하고 있구나' 하고 자유자재로 구사할 수 있다면 상황에 맞게 적절한 사고를 적절하게 이끌어낼 수 있다. 이 전환을 마스터하면 일상이 즐겁고 충실해진다.

무의미함을 즐긴다

아마 독자들은 '산문은 배울 수 있지만 시는 신이 내린 계시와 같은 고급스러운 것, 시를 쓰려면 재능이 필요하다'라고 반론하고 싶을 것이다.

그러나 괴테의 말을 빌리면 시는 산문보다 쉽다. "의미가 없더라도 즉흥적으로 말을 늘어놓으면 읽는 사람이 알아서 의미를 찾아준다"라고 괴테는 말한다.

확실히 밴드 사잔 올 스타즈의 구와타 게이스케나 싱어송라이터 이노우에 요스이의 가사 등은 논리적으로는 말도 안 되게 이어져 있어도 독자는 멋대로 머릿속에서 다른 연상을 하나 더 연결해버린다. 연상이 점프하여 깊이 읽는 쪽이 듣는 쪽도 재미있다.

'오토미상(お富さん)'이라는 노래도 가부키에서 원형을 찾을 수 있는데, 그 사실을 몰랐던 어린 시절의 나에게는 '죽었을 거야 오토미상'과 '겐지점'으로 이어지는 흐름이 너무나 생뚱맞게 느껴졌다.

또 '오케사 사도(佐渡おけさ)' 같은 민요는 언어학자 소쉬르가 말하는 시니피앙(signifiant) 같은 재미를 준다. '시니피앙'은 언어 기호로 표시된 소리를 뜻하고, '시니피에(signifié)'는 의미하는 내용을 뜻한다. '오케사'도 같은 민요 '소란부시(ソーラン節)'의 '야렌소란소란소란'란 구호도 그게 무엇을 가리키는지 더 이상 알 수 없다. 전문서나 연구

서를 봐도 '오케사는 의미가 불분명하다'고 쓰여 있을 정도다.

다시 말해, 오케사에 시니피앙은 있지만 시니피에는 없는 것이다. 의미는 없지만, 소리의 재미로 즐기는 민요도 많다.

이는 '시니피앙의 유희'이며 그 소리의 유희를 즐기면서 읽는 쪽, 듣는 쪽이 마음대로 인생의 진리를 읽어 내는 면이 있다.

하지만 연상을 비약하는 이런 능력은 어른이 되면서 상당히 위축되기도 한다. 특히 남성은 "자유롭게 연상하고 무언가를 말해주세요"라고 부탁해도 아무것도 하지 못하는 경우가 적지 않다. 특히 50대, 60대가 되면 더욱 그렇다. 그러나 여성의 경우에는 그 나이에도 연상하는 뇌가 여전히 기능한다.

예를 들어 두 남녀가 앉아 있는 그림을 보여주며 "이 그림을 보고 남녀의 대화를 만들어주세요"라고 하면, 여성은 "그래서 그때 당신에게 말했잖아요", "하지만 당신은 용서해줬잖아요"라며 점점 연상을 넓혀가는 사람이 대부분이다. 그런데 남성은 "저는 이런 상황이 된 적이 없어서 잘 모르겠습니다"라고 연상 자체를 하지 못하거나 "저는 이 그림의 남자만큼 젊지 않습니다"라고 엉뚱한 변명을 하기도 한다.

뇌를 해방하는 데에서 오는 즐거움

그러나 사고를 비약하는 힘은 원래 누구나 갖고 있다.

206

내가 보기에 초등학생이나 유치원생, 아이들은 연상을 좋아하고, 연상 놀이도 잘한다. 아이들이 자주 하는 끝말잇기 놀이도 말의 연상 중 하나다. 말장난도 아이들은 좋아하는데, 이는 소리의 연상으로 즐기는 놀이다.

나는 아이들에게 한 문장씩 돌아가며 쓰는 놀이를 시킨다. 네 명을 한 그룹으로 묶고 첫 번째 아이가 '그녀는 그를 좋아한다고 말했다'라고 한 문장을 쓰고 옆 사람에게 넘겨주면 옆 사람은 그 말을 받아 한 문장을 쓴다. 그렇게 순서대로 10분 정도 돌아가며 쓰면 신기하게도 여기저기로 도약하면서도 연결되는 이야기가 완성된다. 완성본을 읽으면 대개 폭소가 터진다.

왜냐하면 일종의 시적 비약이 있는 산문으로 몇몇 사람의 상상력이 뒤섞여 이야기가 펼쳐지기 때문이다. 훌륭한 시로 완성할 수 있느냐는 문제와는 별개로, 이는 평소의 사용법과는 다른 뇌의 사용법이다. 그런 연습을 시작하면 얼마나 자신의 뇌에 뚜껑을 덮어두고 있었는지 잘 알 수 있다.

예를 들어 논문을 쓰는 작업을 생각해보자. 비즈니스 리포트나 기획서도 상관없다. 리포트나 기획서는 치밀하게 써야 하지만 그 부분만 의식한다면 결국 아이디어 부족으로 쓸모없어진다. 이론을 충분히 쌓았다고 하더라도 솔직히 말해서 재미가 없는 리포트나 기획서가 된다.

근육에는 축소하는 운동뿐만 아니라 늘리는 운동도 필요하다.

뇌도 마찬가지다. 연상하는 훈련은 뇌를 유연하게 유지하는 데 도움
이 된다. 우선 그렇게 뇌를 해방하는 것 자체가 즐거운 일이다.

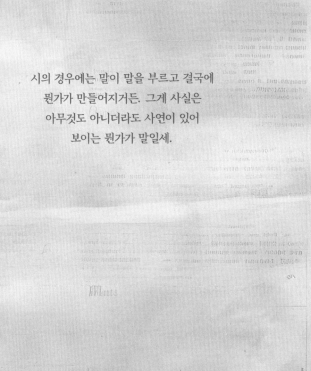

시의 경우에는 말이 말을 부르고 결국에
뭔가가 만들어지거든. 그게 사실은
아무것도 아니더라도 사연이 있어
보이는 뭔가가 말일세.

과거는 과거일 뿐

일반적으로 나는 내가 만든 작품에 대해서는 상당히 냉담한 편이었네. 영원히 그 작품에 집착하지 않고 곧바로 새로운 작품을 계획했지.

바로 앞의 미래를 보아라

자신이 한 일에 대해 이러쿵저러쿵 비난하는 사람들의 말을 곧이 곧대로 듣다 보면 스트레스를 받게 된다. 하지만 스스로 그 일에 냉담해지면 무슨 말을 들어도 별달리 반응하지 않게 된다. 집착하지 않는 것이 자신을 공격하는 사람들로부터 도망치는 비결이다.

예를 들어 괴테도 『젊은 베르테르의 슬픔』을 쓰고 3년 뒤에 "그 작품에는 이런 결점이 있다. 저런 결점도 있다"는 평을 들었을 때, '무슨 말을 하는 거야? 이제 난 거기에 없어', '언제 적 일을 말하는 거야'라는 마음이었다고 한다. 그러면 화가 날 수가 없는 것이다.

"나도 인간인 이상 인간으로서의 결점이나 약점도 가지고 있어 글에도 어쩔 수 없이 그런 면이 나타난다. 그러나 나는 나 자신을 형성하는 일에 진지했고, 끊임없이 나 자신을 개선하기 위해 노력해온 덕분에 꾸준한 발전을 이루었다. 내가 진즉에 해결한 어떤 결점을 발견하면 나를 비난하곤 했다. 이런 순진무구한 사람들이 내 뒤에서 화살을 쏘고 있으니 가장 무해한 적이라고 할 수 있다."

이 글은 '항상 다음을 생각하는 창조성이 중요하다'라고 읽을 수도 있지만, 이 문맥을 보고 말하자면 빌둥(Bildung)을 의식한 발언으로 보인다.

빌둥은 자기 형성이나 어른이 되는 것을 의미한다. 일본에서는 주인공이 다양한 영향을 받으며 성장해가는 이야기를 '빌둥스로망(Bildungsroman)'이라고 하며 보통 교양소설로 번역한다. 괴테의 『빌헬름 마이스터의 수업시대(Wilhelm Meisters Lehrjahr)』나 로맹 롤랑의 『장 크리스토프(Jean Christophe)』등이 대표적 작품이다.

괴테는 자기 형성에 진지하여 매 작품마다 빌둥을 강하게 인식했다. 그래서 이전 작품에 마음을 두지 않고 차례차례 계획을 짜나갔다.

나도 내가 한 일에 대해서는 냉담하다. 만약 마음에 들지 않은 부분이 눈에 띄면 다음 일을 할 의욕이 없어진다. 스스로 과거에 연연하지 않는 것은 에너지를 내는 방법으로는 합리적이라고 생각한다.

과거에 했던 일은 잊어라

자신이 했던 일에 계속 집착하면 발전이 더뎌진다. 설령 성공 체험이라 해도 지나치게 집착하면 거기에 발이 묶이는 경우가 있다.

비즈니스에서는 이기고 있을 때 방법을 바꾸지 않는 것이 원칙이다. 하지만 20년 전에 성공한 방법이 지금은 통하지 않는다고 가정해보자. 진즉에 졌는데도 옛날 방식을 고집하면 그대로 지는 길뿐이다.

이는 연애에도 해당한다. 작가 우노 치요는 좋아하게 되면 금방 마음을 바꾼다. 헤어졌을 때도 회복이 빠르다. 누구의 비난을 받아도 그는 태연했다. 왜냐하면 집착하지 않고 바로 마음을 바꿨으므로 주위 사람들의 비판을 받아도 이미 그 화살이 아득히 뒤에 있어 닿지 않았기 때문이다.

실연은 관념적으로 말하자면 이미 완성된 작품, 그 이상 진전되지 않을 작품이다. 비유하자면 차여서 이미 끝난 지 오래인데 계속 거기에 매달린다면 스토커다. 사랑도 하나의 작품으로 보고 끝나면 냉담해져야 한다. 끝나고 나면 새로운 작품, 즉 새로운 사랑을 계획하면 집착하지 않을 수 있다.

인생의 기로는 교차하며 흐르는 것

하지만 괴테도 마음속으로 어느 정도 구별은 했던 것 같다. 그는 과거의 작품에는 냉담하다고 말했지만, 『파우스트』만은 50년에서 60년 정도 재워두고 계속 고쳐나갔다. 어쩌면 괴테의 마음속에서 『파우스트』는 영원히 미완성일지도 모른다.

미야자와 겐지도 동화는 단숨에 썼지만 『은하철도의 밤』만은 자주 고쳐 썼다. 완성되면 바로 거리를 둬야 하는 작품과 몇 년 동안 품고 있어야 하는 작품으로 나뉘는 것 같다.

이는 '집착하지 않는다'라는 주제와는 다소 어긋날지도 모르지만, 자신 안에서 관련된 대상을 미리 단기·중기·장기로 나누는 것이다.

김치로 말하자면, 겉절이와 묵은지 같이 얼마나 '오래' 묵히느냐의 차이다. 자기 안에, 만들어 놓은 지 몇 개월 된 작품과 10년, 20년 단위의 작품을 한꺼번에 병행해서 넣어두는 것이 인생을 중층적으로 살아가는 비결이다.

매년 매실주를 만드는 사람에게 몇십 년 동안 술을 얻어 마셨는데, 몇 년이라는 시간이 아주 사치스러운 느낌이 든다. 매실주의 경우, 작년에 만든 것과 몇십 년 된 것을 비교하면 역시 맛이 다르다. 그러나 매년 조금씩 맛보고 다시 제자리에 갖다 놓는 오래된 술만이 아니라 새로운 술도 맛이 좋다. 인생이란 한 개의 시간 축으로 이루어져 있는 것이 아니라 여러 개의 선로가 교차하며 흐르는 것이다.

여러 개의 시간 축이 있으면 항상 그 차이를 즐길 수 있다. 살아 있는 시간이 사치다.

청춘의 허물을
노년까지 끌고 가지 마라

인간은 청춘의 허물을 노년까지 끌고 가면 안 돼. 노년에는
노년만의 결점이 있으니까.

'잘못을 끌고 가지 마라'는 의미

젊은 시절에는 어떤 일에 열중하여 주위의 충고를 듣지 않고 돌진할 때가 있다. 그런 정열과 에너지에 몸을 맡겼다가 실패하기도 한다.

이 말은 두 가지로 해석할 수 있다. 하나는 젊은 시절에는 열정에 사로잡혀 질주할 때가 종종 있는데, 그 실수를 노인이 되어 반복하지 않으려면 젊은 시절에는 젊은이다운 실수를 충분히 하라는 것이다.

또 하나는 젊은 시절, 젊지 않아도 어느 시기에 저지른 과거의 회한을 언제까지고 마음에 담아두지 말라는 것이다. 자칫하다가 노년기를 후회만 하며 보낼 수도 있다. 실수는 실수로 남기고 각각 구분해서 사는 것이 중요하다.

'젊은 베르테르의 슬픔'의 파문

괴테의 『젊은 베르테르의 실픔』은 격정에 사로잡힌 청년의 이야기다. 절친한 친구의 약혼자를 사랑하다 파멸하는 베르테르의 등장은 사실 문학사에서는 제법 큰 사건이었다. 유럽 전역에서 베르테르를 흉내 내어 자살하는 젊은이들이 여럿 나왔는데 문학이 현실에 영향을 미친 사례이자 약간은 말이 안 된다 싶을 정도로 엄청나게 팔린 베스트셀러였다.

이에 관해서는 재미있는 이야기가 있다.

"『젊은 베르테르의 슬픔』이 출간되자마자 밀라노에서 이탈리아어 번역본이 나왔다네. 곧 초판본 전부가 한 권도 남지 않게 다 팔렸지. 주교가 교구에 있는 성직자들에게 전부 사들이게 손을 썼다는 거야. 나는 화가 나지 않았어. 오히려 『젊은 베르테르의 슬픔』이 가톨릭에 나쁜 책이라는 걸 재빨리 간파하는 안목 있는 사람이 있다는 걸 알게 되어 기뻤고, 가장 효과적인 수단을 동원해 그것을 극비리에 이 세상에서 말살했다는 점에 감탄하지 않을 수 없었지."

이 부분을 읽고 너무 웃겨서 웃음이 나왔다. 『젊은 베르테르의 슬픔』이 가톨릭 신자들에게는 나쁜 책이라는 걸 재빨리 간파하는 안목 있는 사람이 있다는 걸 알게 되어 기뻤다'라니 차마 말하기 어려운 감상이 아닐까. 덧붙여서, 이는 나폴레옹이 이집트 원정에 들고 간 책 중에『젊은 베르테르의 슬픔』도 있다는 사실을 알게 된 괴테가 굉장히 기뻐하며 했던 말이다.

괴테는 친구 실러 등과 함께 '슈투름 운트 드랑(Sturm und Drang)', 일본어로는 '질풍노도의 시기'라고 불리는 문학 운동에 열중해 있었다. 이『젊은 베르테르의 슬픔』의 성공으로 슈트룸 운트 드랑은 활기를 띄었다.『젊은 베르테르의 슬픔』이 국경을 넘어 통용되는 작품이 되면서 이른바 '세계문학'이라는 의식을 낳았고, 괴테 자신도『젊은 베르테르의 슬픔』을 통해 처음으로 '세계문학'이라는 개념을 이념화할 수 있었다.

"누구나 일생에 한 번『젊은 베르테르의 슬픔』이 마치 자신만을 위해 쓰인 글처럼 느껴지는 시기가 없다면 비참할 것이다"라고 괴테는 말한다.

젊은 시절에 베르테르와 같은 시간을 보내는 것은 멋진 일이다. 열정을 쏟는 대상이 사랑, 도박이어도 젊은 시절에는 세상도 용서해준다. 에너지가 넘쳐서 본인이 직접 실수를 바로잡을 수도 있다. 하지만 노년에도 빠져 있으면 큰일이다.

인생에서 단계별로 해야 할 일

그게 아니어도 청년 시절, 중년 시절에 없던 결점이 노년에는 나오기 마련이다. 노인이 되면 비뚤어지고 완고해지는 경향이 있지만, 격정에 몸을 맡기고 돌진해 버리는 모습을 보면 안타까워서 말이 나오지 않는다.

그런 사람이 되지 않기 위해, 시기 시기마다 과제를 하며 열심히 살아 보자고 괴테는 생각했다. 이와 비슷한 말을 에릭 에릭슨이 생애주기론에서 말했다. 에릭슨은 인격 형성의 발달을 여덟 단계로 파악하는 인간학을 주창한 사람이다.

『인생의 아홉 단계(The Life Cycle Completed)』에 따르면 유아기에는 유아기의 과제가, 청년기에는 청년기의 과제가 있는데, 그것들을 해결하지 않고 혹은 전혀 생각하지 않고 지나가면 나중에 그 문제가 닥쳐온다고 한다.

예를 들어 유아기에는 자기중심적인 면을 극복한다는 과제가 있고, 역시 노는 것이 어울리는 시기다. 어린 시절에 놀이를 통해 다양한 과제를 해결하고 끝까지 즐기지 않으면 다음 단계로 순조롭게 넘어갈 수 없다. 아이에게 일을 시켜도 과제를 극복할 수 없는 것이다.

또 사춘기의 과제는 사랑에 빠지거나 자신의 인생을 생각하는 것이다. 특정한 나이가 되면 아이를 낳아 기르는 것이 중요하며, 노년기에 접어들면 장로와 같은 역할을 맡아야 한다는 것이 에릭슨의 주장이다.

즉, 인생의 연대마다, 인생의 단계마다 해야 할 일이 있다는 것이다.

사실 고대 인도에도 '4주기'라고 해서 학생기(배우는 시기), 가주기(집에 사는 시기), 임주기(숲에 혼자 사는 시기), 유람기(유람하는 시기)로 인생의 단계를 나누는 흥미로운 사상이 있다.

어른이 되지 못하는 것의 폐해

괴테도 젊은 시절에는 베르테르와 같이 살라고 권하지만, 평생 그렇게 하라고 말하는 건 아니다. 단 베르테르와 같은 시기가 없으면 어른이 될 수 없다.

이른바 비틀즈 세대라고 불리는 쉰다섯 살에서 예순 살 전후의 세대는 젊은 문화의 세대이며, '청춘'이 시대의 키워드였다. 그래서인지 그 시대에 청년이었던 사람들은 30년이 지난 지금까지도 의식이 청년에 머물러 있다. 자신이 중년이나 노년이란 걸 받아들이기 어려운 모양이다.

가수 우치다 유야 정도로 극단적인 면이 있으면 재미있다고 할 수도 있겠지만 보통은 이도 저도 아닌 채로 어른이 되지 못하고 청춘의 가치관을 그대로 간직하며 살아간다. 그래서 자식에게 쓴소리하며 뭔가를 가르치거나 엄하게 훈육하지도 않는다.

작가 사토 아이코도 어느 인터뷰에서 요즘 예순쯤 되는 사람들이 시들지 않고 언제까지나 생생하게 있는 모습이 씁쓸하게 느껴진다고 말했다.

포기해야 길이 열린다

또한 이 말에는 회한의 감정을 접으라는 의미도 있다.

예를 들어 어떤 대학에 갈지, 어떤 직업을 가질지, 누구와 결혼할지는 선택이다. 실수했다고 느낀 일도 있을 것이다. 그때 후회는 해도 '청춘의 실수였어'라고 인정하고 바로 다음으로 넘어가는 것이 중요하다.

잘못했을 때 '그때 그렇게 해서 의도치 않은 결과가 나왔다', '그때 그와 헤어지지 않았더라면 더 행복했을 텐데' 하며 지나간 일을 생각해봤자 아무 소용없는 것이다.

마흔이 넘어서도 어릴 때 부모님이 했던 말이나 행동을 계속 원망하며 그 일로 머리를 가득 채우는 사람도 있다. 그런 아픔이 인격형성에 악영향을 미친다는 말도 있지만, 나는 이 정신분석적 표현을 좋아하지 않는다. 상처를 주고받은 입장에서 벗어나 인과관계를 버리고 잊어야 한다. 남의 일로 정리해버리지 않으면 그 빚이 계속해서 인생에 발목을 잡게 된다.

선을 긋는다는 것은 일종의 체념이라고 할 수도 있다. 포기하면 길이 열린다는 괴테의 합리성이 이 말에서 잘 드러난다.

젊은 시절, 젊지 않아도 어느 시기에
저지른 과거의 회한을 언제까지고 마음에
담아두지 말라는 것이다. 자칫하다가
노년기를 후회만 하며 보낼 수도 있다.
실수는 실수로 남기고 각각 구분해서
사는 것이 중요하다.

인생 이모작

나이가 들면 젊었을 때보다 더 많은 일을 해야 하네.

인간이 최후에 자신의 초록을 편찬하는 사람이 된다는 건

슬픈 일이지만, 거기까지 가는 것만으로도 행운이지.

나 자신을 갱신해나가기

'나이가 들면 젊었을 때보다 더 많은 일을 해야 한다'라는 말을 들으면 '나이가 들면 젊었을 때보다 더 많은 일을 해야 한다'라고 생각한다. 그렇지 않으면 곧 모든 것은 과거가 되어 회고록을 쓸 수밖에 없게 된다고 여긴다.

젊은 시절에는 기운이 넘쳐서 평범하게 생활하는 것만으로도 만족할 수 있지만, 나이가 들어 에너지가 떨어지면 회고적으로 자신의 미래를 사랑할 수 없게 된다. 그렇게 되지 않기 위해서는 나이가 들수록 더 많은 일을 하고 자신을 갱신해나가는 것이 중요하다.

나이가 들수록 더 많은 일을 하게 된다

이는 '은거'라는 개념을 긍정적으로 받아들이는 것이기도 하다.

서양에서는 아직도 돈을 어느 정도 모으면 재빨리 사업에서 손을 떼고 제2의 인생을 즐기는 기풍이 살아 있다. 그런데 일본인은 평생 현역, 몸이 움직이는 동안은 계속 일하고 싶다는 마음이 강한 것 같다.

그러나 과거에는 일본에도 젊은 은거라는 개념이나 제도가 없었던 것은 아니다.

상인이자 측량가인 이노 다다타카는 젊은 시절 양자로 들어간 집안의 가업을 번창시킨 뒤 은거에 들어갔다. 그리고 은거하면서 지도 제작을 업으로 삼았다. 새로운 일을 시작한 덕분에 지루함을 느끼지 않고 사람들에게 도움도 줄 수 있었다. 아주 충실한 은거 생활을 보낸 것이다.

또 에도시대에 상인은 마흔 살쯤 되면 가게를 물려주고 좋아하는 일을 하며 여생을 보내는 것이 일반적이었다. 지금은 회사를 그만두면 '더 이상 할 일이 없다'라고 불평하는 남성이 많지만 이와 대조적으로, 당시에는 비즈니스가 인생의 전부가 아니라는 생각이 더 일반적이었다.

물론 나도 취미가 적은 편이라 일이 없어지면 무엇을 해야 할지 고민이다. 그럴 때 새로운 일에 도전해도 좋을 것이다.

또 사람은 나이가 들면 '뭔가를 시작하기에는 너무 늦었다'라고 생각하기 쉽다. 나이가 쉰을 넘으면 더욱 그렇다.

하지만 생각해보면 쉰 살부터의 인생은 꽤 길다. '인생 이모작'도 충분히 가능하다. 그런데 남은 시간을 회고록을 쓰는 데만 허비한다면 그 인생은 괴테의 말대로 너무나 슬프다.

맺음말

벽에 부딪혔을 때, 펼쳐 있던 책에서 우연히 한 줄을 읽고 머릿속 안개가 순식간에 걷힌 경험이 몇 번 있었다. 그 최고의 체험을 이 책을 통해 여러분에게도 맛보게 해주고 싶었다.

바쁜 생활을 하며 하루하루 어지럽게 변하는 환경 속에서 정보의 취사선택을 강요당하는 사람의 마음에 은총을 가져다주는 것은 양질의 독서다. 늘 옆에 두고 가르침으로 삼을 수 있는 책이 있다는 건 정신의 고향을 갖는 것이다. 독자 여러분도 마음에 드는 책을 늘 곁에 두고 읽었으면 하는 바람을 담아 이 책을 썼다.

참고로 괴테를 제외하고 내가 '늘 곁에 두고 읽는 책'을 소개하고자 한다.

제아미(世阿弥), 『풍자화전(風姿花伝)』,

고바야시 잇사(小林一茶) 구집,

니체, 『차라투스트라는 이렇게 말했다』,

요시다 겐코(吉田兼好), 『쓰레즈레구사(徒然草)』,

셰익스피어, 『맥베스』,

고다 로한(幸田露伴), 『오층탑(五重塔)』,

『노력론(努力論)』,

가쓰 가이슈(勝海舟), 『영천청화(氷川淸話)』(국내 미출간),

메를로 퐁티(Maurice Merleau Ponty) 『지각의 현상학
(Phénoménologie de la perception)』,

도스토옙스키 『죄와 벌』, 『백치』, 『카라마조프가의 형제들』,

이시마츠 마히토(石光真人) 편역 『어느 메이지인의 기록-아이즈인
시바 고로의 유서(ある明治人の記録—会津人柴五郎の遺書)』(국내 미출간)

이 책에서 소개한 괴테의 말을 더 깊이 음미하고 싶은 사람을 위
해 본문에 소개한 괴테의 말의 인용처를 책 말미에 실었다.

이 책을 제작하는 과정에서 고분샤 신서 편집부의 후루야 도시
카쓰 씨에게 큰 신세를 졌다. 이 자리를 빌려 감사 인사를 전하고 싶
다.

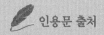 인용문 출처

상권, 중권, 하권으로 표기한 것은 각각 『괴테와의 대화』(이와나미 문고岩波文庫), 전집으로 표기한 것은 『괴테 전집 13』(우시오 출판사潮出版社)입니다.

괴테에게 배우는 진정한 삶에 대한 통찰

괴테의 인생 수업

초판 1쇄 발행 2024년 08월 31일

지은이 | 사이토 다카시
옮긴이 | 전경아
펴낸이 | 정광성
펴낸곳 | 알파미디어
편집 | 이현진
홍보·마케팅 | 이인택, 이현진
디자인 | 황하나

출판등록 | 제2018-000063호
주소 | 05387 서울시 강동구 천호옛12길 18, 한빛빌딩 2층(성내동)
전화 | 02 487 2041
팩스 | 02 488 2040
ISBN | 979-11-91122-69-5 (03100)